马克思主义简明读本

与时俱进

丛书主编：韩喜平
本书著者：张 晗

编 委 会：韩喜平　邵彦敏　吴宏政
　　　　　王为全　罗克全　张中国
　　　　　王　颖　石　英　里光年

吉林出版集团股份有限公司

图书在版编目（CIP）数据

与时俱进 / 张晗著. -- 长春：吉林出版集团股份有限公司，2014.4
（2021.2重印）
（马克思主义简明读本）

ISBN 978-7-5534-2601-3

Ⅰ.①与… Ⅱ.①张… Ⅲ.①"三个代表"思想—理论研究 Ⅳ.①D261

中国版本图书馆CIP数据核字（2013）第174325号

与时俱进
YU SHI JU JIN

丛书主编：韩喜平
本书著者：张 晗
项目策划：周海英 耿 宏
项目负责：周海英 耿 宏 宫志伟
责任编辑：冯 雪
出　　版：吉林出版集团股份有限公司
发　　行：吉林出版集团社科图书有限公司
电　　话：0431-81629720
印　　刷：永清县晔盛亚胶印有限公司
开　　本：710mm×960mm 1/16
字　　数：100千字
印　　张：12
版　　次：2014年4月第1版
印　　次：2021年2月第4次印刷
书　　号：ISBN 978-7-5534-2601-3
定　　价：36.00元

如发现印装质量问题，影响阅读，请与出版方联系调换。

序　言

习近平总书记指出，青年最富有朝气、最富有梦想，青年兴则国家兴，青年强则国家强。青年是民族的未来，"中国梦"是我们的，更是青年一代的。实现中华民族伟大复兴的"中国梦"需要依靠广大青年的不断努力。

要提高青年人的理论素养。理论是科学化、系统化、观念化的复杂知识体系，也是认识问题、分析问题、解决问题的思想方法和工作方法。青年正处于世界观、方法论形成的关键时期，特别是在知识爆炸、文化快餐消费盛行的今天，如果能够静下心来学习一点理论知识，对于提高他们分析问题、辨别是非的能力有着很大的帮助。

要提高青年人的政治理论素养。青年是祖国的未来，是社会主义的建设者和接班人。党的十八大报告指出，回首近代以来中国波澜壮阔的历史，展望中华民族充满希望的未来，我们得出一个坚定的结论——实现中华民族伟大复兴，必须坚定不移地走中国特色社会主义道路。要建立青年人对中国特色社会主义的道路自信、理论自信、制度自信，就必须要对他们进行马克思主义理论教育，特别是中国特色社会主义理论体系教育。

要提高青年人的创新能力。创新是推动民族进步和社会发展的不竭动力，培养青年人的创新能力是全社会的重要职责。但创新从来都是继承与发展的统一，它需要知识的积淀，需要理论素养的提升。马克思主义理论是人类社会最为重大的理论创新，系统地学习马克思主义理论有助于青年人创新能力的提升。

要培养青年人的远大志向。"一个民族只有拥有那些关注天空的人，这个民族才有希望。如果一个民族只是关心眼下脚下的事情，这个民族是没有未来的。"马克思主义是关注人类自由与解放的理论，是胸怀世界、关注人类的理论，青年人志存高远，奋发有为，应该学会用马克思主义理论武装自己，胸怀世界，关注人类。

正是基于以上几点考虑，我们编写了这套《马克思主义简明读本》系列丛书，以便更全面地展示马克思主义理论基础知识。希望青年朋友们通过学习，能够切实收到成效。

韩喜平

2013年8月

目　录

引　言 / 001

第一章　与时俱进——一个具有鲜明时代特色的伟大口号 / 002

第一节　与时俱进是我们党的宝贵历史经验 / 004

第二节　与时俱进是当代中国共产党人面临的迫切问题 / 008

第二章　与时俱进是马克思主义的本质要求 / 015

第一节　马克思主义政党的理论和行动路线必须随时随地以具体的历史条件为转移 / 016

第二节　解放思想、实事求是、与时俱进体现了马克思主义理论中最本质的东西 / 021

第三节　推进马克思主义理论与时俱进 / 028

第三章　马克思列宁主义与时俱进的光辉历程 / 035

第一节　马克思主义：人类最壮丽事业的伟大理论基础 / 036

第二节　列宁主义：马克思主义发展的新阶段 / 046

第四章　与时俱进与中国化马克思主义的发展历程 / 064

第一节　毛泽东思想：马克思主义中国化的

第一次历史性飞跃 / 065

第二节 邓小平理论：马克思主义中国化的
第二次历史性飞跃 / 085

第三节 "三个代表"重要思想：
对毛泽东思想和邓小平理论的继承和发展 / 107

第四节 科学发展观：马克思主义中国化
理论创新的最新成果 / 134

第五章 与时俱进要求做到三个"解放出来" / 151

第一节 马克思主义经典作家的三个著名论断 / 152

第二节 与时俱进地发展马克思主义 / 156

第三节 必须坚持做到三个"解放出来" / 161

第六章 坚持与时俱进，不断开创中国特色社会主义事业新局面 / 166

第一节 创造性地坚持当代中国的发展路线 / 166

第二节 走好现代化建设的三着战略性棋子 / 170

第三节 不断开拓促进发展的新途径 / 174

第四节 进一步创新完善促进发展的经济体制 / 178

第五节 彻底破除阻碍发展的各种思想观念 / 181

第六节 调动和凝聚推动发展的社会力量 / 184

引　言

与时俱进，就是使党的全部理论和工作体现时代性，把握规律性，富于创造性。江泽民指出，坚持党的思想路线，解放思想，实事求是，与时俱进，是我们党坚持先进性和增强创造力的决定性因素。能否始终做到与时俱进，从根本上决定着我们党能否做到"三个代表"，进而决定着党和国家的前途命运。与时俱进的关键在于理论创新，为此，必须适应实践的要求，以实践来检验一切，坚持"三个解放出来"，用发展着的马克思主义指导新的实践。党的十六大报告明确指出："坚持党的思想路线，解放思想，实事求是，与时俱进，是我们党坚持先进性和增强创造力的决定性因素。"这就从内涵上丰富和发展了党的思想路线。在世情、国情和党情发生重大变化的今天，在充满机遇和挑战的新世纪，把与时俱进确立为党的思想路线的重要内容，具有重要的实践意义。

第一章　与时俱进——一个具有鲜明时代特色的伟大口号

当今中国，"与时俱进"一词是使用频率很高的词语之一。它同"改革开放"、"市场经济"、"现代化"、"中国特色社会主义"、"科学发展观"、"和谐社会"、"世界多极化"、"经济全球化"等一起，成为我们这个时代的标志性概念。

的确，迄今为止，没有哪一个时代能够像今天这样凸显出"与时俱进"的意义。人类历史以超常规发展，社会文明以加速度进步，我们每个人都强烈地感受到世界的急剧变化，中国的急剧变化，人类社会生活方方面面的急剧变化。存在决定意识。在当代中国，最早把握到这一历史脉搏并迅速作出反应的伟人之一邓小平说："世界形势日新月异，特别是现代科学技术发展很快。现在的一年抵得上过去古老社会几十年、上百年甚至更长时间。"①这一对时代发展特征的判断，正是邓小平提出解放思想、实事求是、改革开放、发展社会主义市场经济、建设中国特色社会主义的重要依据之一。

江泽民继承和发展邓小平的思想，在强调"解放思想，实事求是"的同时，提出"与时俱进"的口号，突出了一个"进"字，表明无论解放思想，还是实事求是，都要着眼于前进，着眼于发展，着眼于创新，着眼于对实践的跟踪不失，着眼于对事业的超前引领，从而准确地表明了在迅疾的历史脚步面前共产党人应当采取的态度。

以胡锦涛为代表的党中央提出科学发展观和构建社会主义和谐社会等思想，就是坚持党的指导思想与时俱进的生动体现。总之，与时俱进是当代中国共产党人总揽马克思主义发展史，科学分析马克思主义的全部特点和优点，立足当今时代，面向社会现实，着眼未来发展而提出的一个具有鲜明时代特色的伟大口号。

---

①《邓小平文选》第3卷，人民出版社1993年版，第291页。

第一节　与时俱进是我们党的宝贵历史经验

建党九十多年来，我们党的事业之所以能够不断从胜利走向新的胜利，根本原因就在于党总是从不断发展变化的客观事实出发，遵循历史演进的客观规律，把马克思主义基本原理创造性地运用于中国革命和建设的具体实际，把党的理论和实践不断推向更高阶段，以新的理论反映新的现实，指导和推进新的实践，又用新的实践不断丰富和发展新的理论。

旧中国是一个农民占人口绝大多数，小农经济像汪洋大海一样的国家。在这样的国家进行革命，简单地照搬马列的本本是不行的，必须在理论创新上付出艰辛的努力，把马克思主义普遍原理与中国革命具体实际创造性地结合起来，探索一条适合中国国情的革命道路。以毛泽东为主要代表的中国共产党人，在同党内右倾机会主义和"左"倾教条主义的斗争中，实现了马克思主义与中国实际相结合的第一次历史性飞跃，形成了毛泽东思想。

在毛泽东思想指引下，我们党制定了彻底地反帝反封建的民主革命纲领，提出了农村包围城市的革命道路，解决了中国革命的对象、任务、动力、性质、步骤、前途等一系列根本问题,探索出了一条服务于中国革命事业的正确的建党、建军之路,立足于引导广大农民、小资产阶级克服各种非无产阶级思想,使他们转变为工人阶级最广大和最忠实的同盟军;强调正确解决党内无产阶级思想与非无产阶级思想的矛盾,锤炼了理论联系实际、密切联系群众、批评与自我批评的马克思主义作风,总结出党的领导、武装斗争和统一战线三大法宝,创造了在全党通过批评与自我批评进行马克思主义思想教育的整风形式。正是在毛泽东思想的哺育下,党的凝聚力、号召力空前提高,领导全国人民夺取了新民主主义革命的伟大胜利,展开了大规模的社会主义改造和建设历程,使中国从半殖民地半封建国家转变为日益强大的社会主义国家。

党的十一届三中全会总结了我国社会主义建设的经验教训,特别是总结了"文化大革命"的沉痛教训,果断地放弃了以阶级斗争为纲,提出以经济建设为中心,实行改革开放,从而开创了中国社会主义建设的新时期。在这一时期,马克思主义与当代中国实际相结合凝结成的关于改革开放、建设中国特色社会主义的一系列方针政策,通过中国共产党人的身体力行从理论转化为实践,聚合成中华民族的伟大时代精神,转变成亿万人民投身其中并充分展示其伟力的壮丽事业。在这一时期，我们党不断推进理论创新，为马克思主义注入了一系列新的内容。这些新的内容首先集中体现在邓小平理论中。

邓小平理论重新确立了解放思想、实事求是的思想路线，使广大党员、干部、群众从个人崇拜和教条主义枷锁中解脱出来；正确评价了毛泽东思想，对其活的灵魂的基本方面作了科学概括，为全党统一思想，开创改革开放和社会主义现代化建设新局面，提供了理论根据；重申必须坚持四项基本原则，这是立党立国之本，为充分发挥党在改革和建设中的核心领导作用提供了政治保证；提出党在社会主义初级阶段的基本路线，正确回答了"什么是社会主义、怎样建设社会主义"的基本问题，为党团结和带领人民完成新时期的历史使命奠定了理论指南；提出了市场经济与社会主义并不矛盾的理论，为深化改革指明了方向；提出了社会主义本质理论，大大深化了对社会主义的认识；提出了一国两制的理论，为实现祖国统一大业制定了崭新的方针；提出加强党的领导必须改善党的领导，只有从思想、组织、作风、制度等方面改善党的领导才能巩固党的领导，并在党领导下发展生产力；提出大力加强党风建设，进一步密切党同人民群众的血肉联系，为新时期抓好党风廉政建设，推进反腐败斗争指明了正确方向。在邓小平理论指导下，我们党与时俱进，使中国社会主义走出僵化，焕发出空前未有的生机与活力。

以江泽民为代表的党的第三代领导集体，立足时代要求，科学总结历史经验，针对上世纪八九十年代以来国际局势的急剧变化和中国改革开放遇到的新问题，展望21世纪我国的发展，创造性地继承和发展了马克思列宁主义、毛泽东思想、邓小平理论，提出了"三个代表"重要思想。"三个代表"重要思想，是理论创新与实践创新的光辉典范，进一步回答了"什么是社会主义、怎样建设社会主义"，创造性地回答了"建设一个什么样的党，怎样建设党"的问题，为更好地推进改革开放和现代化建设、加强和改进党的建设指明了前进方向。正是在"三个代表"重要思想指导下，十三届四中全会以来，全党和全国人民奋力开创中国特色社会主义事业的新局面，把中华民族复兴大业推进到了新的发展阶段。

以胡锦涛为代表的党中央新的领导集体，不负全党和全国人民的厚望，高举邓小平理论和"三个代表"重要思想的旗帜，与时俱进，励精图治，亲民爱民，求真务实，弘扬"两个务必"，坚持改革创新，提出以人为本，全面、协调、可持续的科学发展观,创立了构建社会主义和谐社会的崭新理论,加强党风廉政建设,开展荣辱观教育,推动社会主义新农村建设,加强国防和军队建设,开展积极的外交活动,各方面工作呈现欣欣向荣的局面,受到全党和全国人民的衷心拥戴。

历史表明,中国共产党人始终遵循历史演进的客观规律,围绕中国改革与建设的实践和任务,不断回答党的建设面临的种种时代课题,不断推进党的建设和国家富强的理论创新和实践创新。正因为如此,中国共产党才能始终站在历史发展的制高点,把握社会演进的最终决定力量,立于时代进步的潮头,广纳百川,兼蓄古今中外一切优秀文明成果,始终保持和发扬自身的政治优势和理论优势,永远立于不败之地。

第二节　与时俱进是当代中国共产党人面临的迫切问题

新世纪新阶段,世界格局经历着空前规模的历史性调整,经济全球化进程加快,科学技术迅猛发展,我们处在深刻而复杂的时代变化之中,面临着许多前所未有的重大课题。如何在世界多极化、经济全球化、社会信息化和综合国力竞争日益激烈的情况下，把握时代进步潮流，不断调整和完善发展战略和策略，抓住机遇，应对挑战，加快发展步伐，赢得主动地位；如何以完善社会主义市场经济体制为目标，继续推进改革，从根本上消除束缚生产力发展的各种体制性障碍，为经济发展注入新活力；如何在坚持四项基本原则前提下，继续积极稳妥地推进政治体制改革，发展中国特色社会主义的民主政治，巩固民主团结、生动活泼、安定和谐的政治局面；如何加强社会主义精神文明建设，发展面向现代化、面向世界、面向未来的，民族的科学的大众的社会主义文化，不断丰富人们的精神世界，不断增强人们的精神力量；如何在新的历史条件下，以改革的精神加强和改进党的建设，提高党的领导水平和执政水平、提高拒腐防变和抵御风险的能力等重大课题，都需要我们在实践的基础上作出新的理论回答。

应当说，上述关系党和国家事业发展全局的一系列重大课题，老祖宗没有说过，前人没有做过，没有现成经验可循，但是又都非常现实地摆在我们面前。我们只有坚持以与时俱进的精神状态，以开拓创新的办法，抓紧解决这些重大课题，才能把建设中国特色社会主义的伟大事业不断推向前进。邓小平说过，没有一点"闯"的精神，没有一点"冒"的精神，没有一股气呀、劲呀，就走不出一条好路，走不出一条新路，就干不出新的事业。形势逼人，不进则退。深刻的创新必然带来巨大的发展，因循守旧就会止步不前。党和国家的事业不断向前推进的过程，就是理论创新与实践创新不断相互推动的过程。因此，与时俱进，不断推进马克思主义的理论创新，以发展着的马克思主义指导新的实践，是我们党面临的一项重大而紧迫的时代课题。

首先，与时俱进是马克思主义的本质要求，也是中国特色社会主义建设发展的迫切需要。在新形势下，要全面、科学地回答我们面临的一系列重大时代课题，就必须大力推进马克思主义理论创新、与时俱进，开拓创新，首先反映了马克思主义理论发展的客观规律。从马克思列宁主义、毛泽东思想到邓小平理论，从"三个代表"到科学发展观和构建和谐社会理论，充分体现了马克思主义与时俱进的历史进程，体现了当代中国共产党人对马克思主义的科学态度。

与时俱进，开拓创新，同时也深刻揭示了理论创新与实践创新的内在关联。理论创新的动力总是来源于实践。理论创新是对客观世界认识的新突破，是对事物发展规律的新揭示，但还属于思想观念的范畴。批判的武器代替不了武器的批判，创新的理论要成为引导社会进步的强大力量,成为改造世界的强大物质力量,必须转化为实践创新。因此,理论创新本身并不是创新的最高目标,理论创新本身也不是创新的完成;以理论创新来推进实践的创新,以实践创新来发展创新的理论,不断地把党和国家的事业推向前进,这才是马克思主义创新的目的所在。就此而言,解决当前面临的问题,推进党和国家的事业,迫切需要用科学发展观和构建社会主义和谐社会理论来指导实践,把这一重要思想全面地贯彻到我们的各项实际工作中去。

其次,与时俱进是我们党赢得群众,把党的事业变成亿万人民群众的伟大事业的客观要求。马克思主义一贯认为,生气勃勃的社会主义是由人民群众自己创造的。正确的理论只有掌握群众,才能变成指导社会变革和促进社会发展的巨大物质力量。理论被人民群众认同的程度、赢得群众的程度,决定着这一理论转化为现实的程度。我们党不仅要面向实践推进理论创新,科学地回答和解决自身面临的一系列重大时代课题,而且还要坚持不懈地把理论创新的成果不断转化为广大人民群众的实践,给改革和建设以指引,给人民群众以方向。

全党和全国人民学习贯彻党的创新理论的过程,正是将学习与实践结合起来，使人民群众既受到教育，也不断从中得到实惠的过程。广大人民群众只有从这一理论指导实践所产生的实际效果中认识到这一理论的科学性和正确性，才能更加坚信这一理论，积极地投身到这一理论指导下的创造性实践中去。因此，理论创新的过程，也包括用创新的理论教育广大干部群众，使广大干部群众熟悉、理解和掌握党的创新理论成果的内容和精神实质，使之转化为广大干部群众观察问题和分析问题的世界观、方法论，转化为思考问题、把握问题、处理问题的立场、观点和方法。同时，还要根据实践的发展程度、人民群众的可接受程度，把理论转化为具体的政策和实际举措，以良好的作风、扎实的工作，把广大干部群众进一步团结起来，凝聚起来，形成推进改革开放、建设中国特色社会主义的强大社会力量和群众基础。而要做到这一切，关键在于与时俱进，与时俱进才能合民意、顺民情、得民心。

最后，与时俱进是我们党始终保持自身先进性，始终走在时代前列的根本保证。马克思主义政党的先进性不是一经拥有便恒久不变的。党如果能够随着历史和时代的发展而不断前进，它的先进性就能得到保持；党如果故步自封，停滞不前，它的先进性就会丧失。我们党在九十多年的奋斗历程中，之所以能经受住各种风险考验，创造出辉煌的业绩，归根到底，就在于始终坚持解放思想，实事求是，与时俱进。在新世纪新阶段，时代的深刻变化，复杂多变的国际国内形势，使我们党面临着巨大而严峻的考验。我们党要保持生机与活力，把自身建设成经得起任何风险考验的党，更好地发挥中国特色社会主义事业领导核心的作用，就必须紧紧把握时代的发展脉搏，深刻认识时代前进的正确方向，永远走在时代前列。党的先进性是具体的历史的，必须放到推动当代中国先进生产力和先进文化的发展中去考察，放到维护和实现最广大人民的根本利益的奋斗中去考察，归根到底要看党在推动历史前进中的实际作用。

马克思指出，每个时代都有自己的问题。理论的创新实质上就是回答时代的重大问题。我们党及其领导的事业要长盛不衰，就必须顺应时代发展，坚持与时俱进，开拓创新。在20世纪世界社会主义运动的历史发展中，发生过两件牵动历史、震撼世界的大事。一是20世纪上半叶，科学社会主义从理想到现实，社会主义制度从一国到多国，打破了资本主义的一统天下，极大地改变了世界。二是20世纪80年代末90年代初，东欧剧变、苏联解体，苏东国家执政的共产党纷纷失去政权，我国也发生了政治风波，世界社会主义运动经历严重曲折。这种巨大变化，向我们党提出了一个严肃而重大的问题：把什么样的中国带入21世纪，或者说，怎样把社会主义的中国带入21世纪。当代中国共产党人高举邓小平理论伟大旗帜，领导全党和全国人民通过艰辛探索和实践，创造性地提出了"三个代表"重要思想、构建和谐社会理论和科学发展观，科学地回答了这一问题，使我们党及其领导的中国特色社会主义事业能在世界社会主义运动处于低潮的情况下，在国际风云变幻的环境中破浪前进。

　　历史表明，与时俱进，开拓创新，是我们党永葆自身先进性的根本保证。只有体现与时俱进的理论，才能万古长青；只有弘扬与时俱进的精神，才能生生不息；只有坚持与时俱进的政党，才能永葆先进；只有坚持与时俱进的事业，才能欣欣向荣。

第二章　与时俱进是马克思主义的本质要求

任何一种思想和理论的创立，都必须以一定的世界观和方法论作为自己的理论基础。马克思主义始终坚持以自身所处的历史方位为背景，理论联系实际，随着社会实践不断与时俱进，开拓创新，为指导无产阶级认识世界、改造世界的实践服务。马克思主义理论发展的历史表明，坚持理论联系实际，立足实践，不断推进理论创新，是贯穿于马克思主义全部理论的基本精神，即基本的立场、观点和方法。而解放思想、实事求是、与时俱进，则是这一基本精神和基本立场观点方法的最为鲜活的表述和概括，它深刻揭示了马克思主义思想路线的本质，集中体现了马克思主义认识世界、改造世界的本质特点。

第一节　马克思主义政党的理论和行动路线必须随时随地以具体的历史条件为转移

马克思主义的产生，与19世纪40年代蓬勃发展的工人运动密切联系在一起，体现出鲜明的时代特征。为了排除当时工人组织和工人运动中各种错误思潮的干扰的危害，为无产阶级政党明确指导思想和行动纲领，他们撰写了《共产党宣言》等科学文献，为无产阶级政党的建立和发展奠定了理论基础。但是，他们从来不把自己的某些提法、论断当作一成不变的东西，而是特别强调党的理论和路线与实际、与具体的历史条件相结合的极端重要性。

一、马克思主义政党的理论随时随地都要以当时的历史条件为转移

当一位俄国学者把《资本论》关于资本主义原始积累的分析说成是适用于任何国家的一般历史理论时，马克思写了一封给《祖国纪事》杂志编辑部的信，明确地指出："他一定要把我关于西欧资本主义起源的历史概述彻底变成一般发展道路的

历史哲学理论，一切民族，不管他们所处的历史环境如何，都注定要走这条道路，——以便最后都达到在保证社会劳动生产力极高发展的同时又保证人类最全面的发展的这样一种经济形态。但是我要请他原谅。他这样做，会给我过多的荣誉，同时也会给我过多的侮辱。"①马克思在《共产党宣言》1872年德文版序言中进一步指出，《共产党宣言》阐述的那些一般原理的实际运用随时随地都要以当时的历史条件为转移。马克思逝世以后，恩格斯在《共产党宣言》1888年英文版序言中再次郑重地重申了上述思想，充分表明了他们对这一思想的重视。

二、马克思主义政党的理论和路线必须适应时代要求，随时作出相应的调整

列宁在第一次世界大战和无产阶级革命的时代，进一步发展了马克思和恩格斯的上述思想。他明确指出，无产阶级的革命任务必然随着历史过程中每个特殊阶段的具体经济和政治环境而有所改变。正是本着上述精神，列宁为建立新型无产阶级政党进行了开创性的探索，奠定了新型无产阶级政党的思想、组织和策略基础，并撰写了著名的《帝国主义论》，从理论上

---

① 《马克思恩格斯全集》第19卷，人民出版社1963年版，第130页。

突破了一些人固守的社会主义只能在世界范围同时取得胜利的教条，指出处于帝国主义链条比较薄弱的环节上的某一国家，可以利用特殊的历史条件，通过特殊的历史勇气，领导只有20万党员的布尔什维克党和俄国人民，开辟十月革命的正确道路。

同样，也正是遵循上述解放思想、实事求是的创新和进取精神，毛泽东立足于中国农民占人口绝大多数的特殊国情，特别强调思想建党，首次提出了我们党的建设的伟大工程，为把党建成既有广泛群众基础、又能充分展现工人阶级先进性的马克思主义政党作出了巨大贡献。以毛泽东为代表的中国共产党人，突破革命只能通过以城市为中心的工人暴动来进行的苏联模式，领导人民通过农村包围城市，实行新民主主义革命，最后夺取了全国政权。

党的十一届三中全会以后，邓小平依据时代的变化和国家发展的客观需要，积极推进党的建设，恢复了被极"左"路线破坏了的党的优良传统和正确路线，把发展生产力、繁荣文化、满足人民群众日益增长的物质文化需要，提升到执政党政策和实践的首位，开创了改革开放和社会主义现代化建设的新局面。邓小平带领全党和全国人民冲破长期以来附加在社会主义上的种种不正确的思想认识，摆脱"左"的束缚，走出一条改革开放、建设有中国特色社会主义的正确道路。历史表明，马克思主义政党的理论、纲领和路线，必须根据变化了的时代条件进行相应调整。

三、马克思主义政党必须不断赋予自身先进性以新的时代内涵，才能始终保持自身的先进性

当今时代，世界格局经历着空前规模的历史性调整，经济全球化进程加快，两种制度的较量更为复杂而激烈。在我们国内，改革不断深入，开放日益扩大，社会主义市场经济体制逐步确立，社会生活空前多样化和复杂化。在我们党内，党的自身建设还存在一些薄弱环节，特别是一些党员干部的腐败败坏着党的声誉，发展下去足以动摇党基国本。时代巨变的严峻挑战，空前地凸显了"建设成一个什么样的党，怎样建设党"这一重大时代课题。如何研究新情况，解决新问题，客观上要求我们在坚持党的领导的同时，进一步加强和改善党的领导，开拓新视野，形成新思路。

以江泽民为代表的党的第三代领导集体正确估计形势，以高度的责任感和使命感，在领导和推进改革开放、社会主义

现代化建设的同时，聚精会神抓党的建设，提出了党要始终成为"三个代表"的重要思想，科学回答了新时期党的建设面临的一系列重大现实问题：我们党怎样依据时代条件和国家发展需要，不断提高领导和执政水平，增强拒腐防变和抵御风险能力；怎样在复杂多变的社会局面中，根据社会阶层关系的新变化，进一步巩固党的阶级基础，扩大党的群众基础，提高对社会的影响力；如何营造"先进适用的生产方式"发展先进生产力，如何在文化建设上增强人们的"独立意识、竞争意识、效率意识、民主法制意识和开拓创新精神"，如何"首先考虑并满足最大多数人的利益要求"，如何吸收工人、农民、知识分子、军人、干部之外的"其他方面的优秀分子"入党，如何建立更加有效的机制，进一步完善民主集中制，提高党的战斗力，如何在社会主义条件下推进人的全面发展等问题。这些新观点、新要求，是马克思主义经典作家没有讲过的新话，是对历史经验的深刻总结，是对新时期党的建设正确方向的科学把握，是对马克思主义建党学说在内的一系列马克思主义理论的创造性继承和发展，是团结带领全国人民不懈奋斗，把建设有中国特色社会主义推向前进，实现中华民族伟大复兴的重要保证。

第二节　解放思想、实事求是、与时俱进体现了马克思主义理论中最本质的东西

坚持把认识论和辩证法在实践中统一起来，一切从实际出发，理论联系实际，具体问题具体分析，在实践中检验真理和发展真理，涵盖了马克思主义世界观方法论的丰富内容，准确地体现了辩证唯物主义和历史唯物主义的理论基点，是马克思主义认识世界、改造世界最具决定意义、最本质的东西。

一、理论联系实际，具体问题具体分析，是马克思主义活的一以贯之的思想

纵观马克思主义理论的发展历程，我们可以清楚地看到，马克思主义是一个随着时代的变迁、革命和建设主题的转换以及人民群众实践的深化而不断丰富和发展的过程；是一个一切从实际出发，理论联系实际，坚持在实践中检验真理和发展真理的过程；是一个不断解放思想、实事求是、与时俱进、开拓创新的过程。社会实践没有止境，解放思想、实事求是没

有止境，马克思主义理论的发展和创新也没有止境。列宁指出，运用唯物辩证法从根本上改造全部政治经济学，把唯物辩证法应用于人类历史、自然科学、哲学以及工人阶级的政策和策略，这是马克思、恩格斯最为注意的事情，是他们作出的最重要、最新颖贡献的地方。

马克思主义的精髓和活的灵魂，就是对具体情况进行具体分析。把唯物辩证法看成是马克思主义的全部理论基础，把具体问题具体分析提升到方法论根本原则的高度，是列宁的一贯思想。在他看来，马克思主义的产生，固然要从已有思想材料出发，但从根本上说，它是当时社会矛盾，特别是无产阶级斗争实践的理论概括。这种理论概括，舍弃了具体事物的个别或偶然性，只保留其中一般、稳定的特征，深刻地反映了事物本质。不过，也正因为如此，它才要再回到实践中去，还要同具体事物的特点相结合，从而真正发挥指导实践的作用。也就是说，科学抽象化的程度愈高，一般原理的适用范围愈广；适用范围愈广的理论，我们在实践中加以运用时就愈要采取具体的、历史的态度。这可以说是一条基本的认识论和方法论原则，是马克思主义一以贯之的思想路线。

二、解放思想、实事求是、与时俱进、求真务实是中国共产党人创造性运用和发展马克思主义的集中体现

中国共产党人在九十多年的奋斗历程中,把马克思主义关于从客观实际出发、具体地分析具体情况的原理进一步具体化、系统化和理论化,形成了一条独创性的、具有中国特色的思想路线。这条思想路线概括起来说,就是解放思想、实事求是。党的三代领导核心都是坚持党的实事求是思想路线的典范,但他们又都具有自己鲜明的时代特点。

明确将马克思主义关于从客观实际出发、具体地分析具体情况的原理进一步具体化、系统化和理论化的是毛泽东。毛泽东用"实事求是"概括我们党的思想路线,这是对马克思主义的一个非常重要的贡献。毛泽东坚持实事求是思想路线的一个突出的特点,是把马克思列宁主义的普遍原理同中国革命的具体实际相结合,从本本主义和教条主义的束缚中解放出来,指引中国革命最终取得胜利。他指出,马克思和恩格斯,列宁和斯大林,他们对于应用辩证法到客观现象的研究的时候,总是指导人们不要带上任何的主观随意性,而必须从客观的实际运

动所包含的具体的条件，去看出这些现象中的具体的矛盾、矛盾各方面的具体的地位以及矛盾的具体的相互关系。他要求中国共产党人必须学会这个方法，并把这个方法上升到思想路线的高度，并概括为实事求是的思想路线。

邓小平把解放思想与实事求是统一起来，这是他对党的思想路线的进一步丰富和发展。由于偏离实事求是的思想路线，我们国家曾经遭受重大损失，付出了沉重代价。面对"文化大革命"造成的严重恶果，邓小平拨乱反正，科学地阐述了"解放思想"与"实事求是"的一致性，重新恢复和确立了实事求是的思想路线，从而开辟了一条建设有中国特色社会主义的新道路。我国三十多年的改革发展历史又一次证明，解放思想，实事求是的思想路线是我们党领导中国革命、建设和改革的强大思想武器。邓小平坚持解放思想，实事求是思想路线的一个突出特点，是把马克思主义的基本原理同中国社会主义初级阶段的具体实际相结合，从"两个凡是"的束缚中解放出来，指引党和人民走出一条改革开放、建设中国特色社会主义的道路。江泽民坚持解放思想、实事求是的思想路线，又进一步加上"与时俱进"这个新内容，这是对一百多年来马克思主义发展历史经验的科学总结，是对马克思主义以实践为基础的科学性和创造性理论特性的深刻揭示。胡锦涛在坚持解放思想、实事求是、与时俱进的同时，特别强调求真务实。"求真"就是从客观实际出发，探求规律性；"务实"就是遵照客观规律扎扎实实地办实事、求实效。在这里，把思想路线与工作作风有机地结合起来，体现了党的思想路线的现实性和针对性。

三、在新的历史条件下坚持党的思想路线，必须全面把握与时俱进的精神实质

解放思想、实事求是、与时俱进、求真务实，是一个思想内涵丰富、理论形态完备的有机统一体。"解放思想"、"与时俱进"、"求真务实"是党的"实事求是"思想路线的有机构成，是党的实事求是思想路线历史的、逻辑的展开及丰富和发展。它们以马克思主义认识论为依据，顺应时代发展要求，深刻揭示了党的思想路线所赖以建立的理论基础、实现条件、内在规律和必然要求，从而更为完整、充分地体现了全部马克思主义理论的精神实质。

全面贯彻解放思想、实事求是的思想路线，必须全面把握与时俱进的精神实质，以此增强全面贯彻党的思想路线的自觉性。坚持解放思想，是实事求是的前提和条件，只有解放思

想，才能实事求是。同时，坚持解放思想，也是与时俱进的前提和条件。坚持与时俱进，必须破除前进道路上错误思想和陈腐观念的障碍，最好的武器就是解放思想。反过来，只有始终保持与时俱进的精神状态，始终站在时代的前列，才会有深远的历史眼光和宽阔的世界视野，才会有思想的真正解放。与时俱进与解放思想互相依存、互为条件。如同解放思想一样，与时俱进也是实事求是的前提和条件。实事求是的首要前提是从客观实际出发。客观实际是不断变化的，只有与时俱进，才能跟上发展的时代，才能符合变化的实际。

　　实事求是是解放思想的根据和目的，也是与时俱进从外在表现上看是顺乎历史潮流，反映时代精神的，其实质则是从不断变化的实际出发，探求和揭示客观事物的新属性、新联系、新规律，以有效地认识世界和改造世界。离开了实事求是，与时俱进就失去了前进的方向和目标。同时，与时俱进又是实事求是的实践目的。与时俱进既是一种精神状态、一种方法论，又是一个实践的范畴。人们所做的一切工作都是为了解决问题，有所创造，有所前进，实事求是也不例外。从这个意义上说，与时俱进贯彻到理论创新上将结出实事求是的思想成果，落实到实际工作中则是实现实事求是的实践价值。

解放思想，实事求是，与时俱进，是马克思主义活的灵魂，是我们认识新事物、适应新形势、完成新任务的根本思想武器。进入新世纪，国际国内形势都发生了深刻的变化。我们要抓住机遇，开创发展的新局面，就必须一如既往地坚持解放思想，与时俱进，高举邓小平理论伟大旗帜，全面贯彻"三个代表"要求，用发展着的马克思主义指导新的实践。

在新的历史条件下坚持与时俱进，要求我们从建设有中国特色的社会主义事业的实际出发，解放思想、实事求是地研究社会主义改革开放和现代化建设中出现的新情况新问题，既坚持马克思主义的立场、观点、方法和基本原理，又不拘泥于个别过时的结论，把马克思主义继续推向前进；要求我们在各项实际工作中体现出共产党人与时俱进的政治品质，否则，就不能紧跟世界发展进步的潮流，始终站在时代前列，永远保持先进性；要求每一个党员和干部，在投身于建设中国特色社会主义伟大事业，致力于改造客观世界的同时，也必须致力于我们主观世界的改造，始终保持与时俱进的精神状态，永不自满和懈怠，勇于探索新实践，善于创造新经验，不断概括出新的理论，继续做好马克思主义同中国具体实际相结合这篇大文章，为全面建设小康社会，实现中华民族的伟大复兴而努力奋斗。

总而言之，九十多年来，中国共产党人坚持以马克思列宁主义为指导，从中国特有的国情出发，创立了具有中国风格和中国气派的解放思想、实事求是的思想路线，而与时俱进则进一步继承和发展了这一思想路线的基本内容，为在实践中不断开拓马克思主义发展的新境界，提供了科学的认识论和方法论工具。这是中国共产党人对马克思主义的重大贡献。

第三节　推进马克思主义理论与时俱进

马克思主义最讲科学精神、创新精神，坚持马克思主义，最重要的就是坚持马克思主义的科学精神和创新精神。马克思主义的创新精神和与时俱进的品质，既体现在其世界观和方法论上，体现在解放思想、实事求是思想路线的根本要求上，也体现在马克思主义者、特别是当代中国共产党人始终坚持用马克思主义的宽广眼界观察世界，敏锐把握形势的变化，不断依据变化了的历史条件和时代要求，不懈进取，不断创新，以新的理论引领新的社会实践的理论勇气和气魄上。在新的历史条件下，我们坚持和发展马克思主义，就是要发扬马克思主义的科学精神和创新精神，以马克思主义的理论勇气和魄力,根据实践的发展和认识的深化,使马克思主义理论不断融入新思想、新观点,不断体现时代精神,反映时代要求,不断开拓马克思主义理论发展的新境界。

一、不断开拓马克思主义理论发展的新境界是马克思主义的本质内涵

在对待马克思主义的态度问题上,经典作家历来坚持理论来源于实践又在实践中发展的科学态度。比如,对于未来社会如何发展,他们坚决拒绝凭空描述社会主义社会的具体细节。1881年2月1日,恩格斯致信考茨基说:"无论如何,共产主义社会中的人民自己会决定,是否应当为此采取某种措施。我不认为自己有向他们提出这方面的建议和劝导的使命。那些人无论如何也会和我们一样聪明。"[①]随后,马克思也在致纽文胡斯的信中阐发了相同思想:"将来某个特定的时刻应该做什么,应该马上做什么,这当然完全取决于人们将不得不在其中活动的那个既定的历史环境。但是,现在提出这个问题是不着边际的,因而实际上是一个幻想的问题,对这个问题的唯一

[①]《马克思恩格斯选集》第4卷,人民出版社1995年版,第642页。

答复应当是对问题本身的批判。……任何工人代表大会或社会党人代表大会，只要它们不和这个或那个国家当前的直接的条件联系起来，那就不仅是无用的，而且是有害的。它们只能在没完没了的翻来覆去的陈词滥调之中化为乌有。"[1]因此，在马克思主义经典作家看来，作为发展的科学，马克思主义不承认任何最终的东西、绝对的东西、神圣的东西，任何科学的理论，都必须随着社会实践、随着历史条件的变化而不断前进，不断为自己开辟新的境界。

作为现实的理论，马克思主义结束了关于人类社会的各种乌托邦的设计，始终立足于社会现实，坚持一切以变化了的历史条件为转移，不断解决社会主义实践面临的时代课题。从马列主义、毛泽东思想到邓小平理论和"三个代表"重要思想，马克思主义始终展示了面向时代不断开拓创新的理论品格。历史证明，马克思主义是不断创新、不断发展的科学。我们坚持马克思主义，最根本的就是要坚持与时俱进，根据时间、地点、条件的变化，不断丰富和发展马克思主义，使之不断进入更高境界。

---

[1]《马克思恩格斯选集》第4卷，人民出版社1995年版，第643—644页。

二、不断开拓马克思主义理论发展的新境界是当今时代提出的客观要求

时代和历史条件是马克思主义的生命之基、活力之源。时代在不停地发展变化着,马克思主义理论也必须随之不断发生变化。江泽民指出,一定要看到《共产党宣言》发表一百多年来世界政治、经济、文化、科技等发生的重大变化,一定要看到我国社会主义建设发生的重大变化,一定要看到广大党员干部和人民群众工作、生活条件和社会环境发生的重大变化。这"三个重大变化"对我们党开拓马克思主义理论发展的新境界提出了客观要求。

当今我们所处的时代,是世界多极化在曲折中发展、世界社会主义事业从低谷中奋起的时代。马克思主义理论指导的世界社会主义运动,曾是何等辉煌。然而到20世纪90年代,苏联解体,东欧剧变,世界社会主义运动从高峰跌入低谷,大批执政的共产党像多米诺骨牌一样纷纷倒下。这种时代的重大变化,马克思主义经典作家无论如何是始料不及的。在新的时代条件下,世界社会主义运动向何处去?中国社会主义事业向何处去?中国共产党的执政地位如何巩固和加强?这些尖锐的时

代性课题，传统的马克思主义理论是不能完全回答的，"老祖宗"的经典著作里找不到现成答案。出路在哪里？出路只有一条，那就是与时俱进，发展马克思主义，创新马克思主义，开拓马克思主义的新境界。建设中国特色社会主义，这是一项前无古人的、完全崭新的事业。我们面临着从未遇到过的矛盾和难题。指导中国这样一个大国进行改革开放和现代化建设的全新实践，指导世界上独树一帜的有中国特色社会主义伟大事业的全新实践，没有创新的马克思主义，毫无疑问是不行的。理论停顿导致国家停顿、政党衰亡的例子，比比皆是。

当今处在世界大转折、社会大变革、科技大发展的时代，新时代呼唤新理论，新实践产生新理论。开拓马克思主义理论发展新境界的紧迫任务，用发展着的马克思主义指导新的实践的紧迫任务，历史地摆在了中国共产党面前。这是中国共产党朝着建设现代化政党目标前进，永葆先进性，增添新活力，应对和战胜各种风险挑战所必须解决的首要课题。

三、不断开拓马克思主义理论发展的新境界是坚持解放思想实事求是思想路线的根本体现

解放思想、实事求是，是马克思主义的精髓。坚持把解

放思想、实事求是作为思想路线，是中国共产党在政治上和理论上高度成熟的一个突出标志，也是我们党立于不败之地的一个政治优势。长期以来，我们党能够依循中国社会发展的客观规律，在不断实现马克思主义中国化的过程中，制定正确的纲领、路线、方针和政策，把中国革命、建设和改革引向成功，与坚持解放思想、实事求是这条思想路线是密不可分的。而我们党以往历史上所遭受的重大挫折，又都与背离解放思想、实事求是有关。历史和现实表明，只有坚持解放思想、实事求是，党才能获得旺盛的生命力、非凡的创造力和强大的战斗力。

在新形势下，坚持解放思想、实事求是思想路线，最为根本的就是要以马克思主义的科学态度来对待马克思主义，坚持与时俱进，不断开拓马克思主义理论发展的新境界，从而用发展着的马克思主义来指导新的实践。能否做到与时俱进地丰富和发展马克思主义，这是当前检验我们是否真正坚持解放思想、实事求是的试金石。

江泽民2001年在"七一"讲话中提出了"三个解放出来"的历史任务，而其中带根本性的就是要从对马克思主义的错误的和教条式的理解中解放出来。这是因为，对马克思主义的错误的和教条式的理解，其危害性往往带有支配作用。由于共产党人坚持把马克思主义作为行动的指南，因而对马克思主义一旦陷入错误的和教条式的理解，就会使这种理解成为一种主导性的思维定势渗透到社会生活的方方面面，从而就会形成不合时宜的观念、体制和做法，就会严重助长主观主义和形而上学，就会导致思想僵化，迷信盛行，生机停止，活力消失。国际共产主义的经验教训表明，一个党如果陷入对马克思主义的错误的和教条式的理解而不能从中解放出来，它在其他方面也不可能获得思想解放，在全局上就无法保持应有的生机和创造力。所以，从对马克思主义的错误的和教条式的理解中解放出来，是贯彻解放思想、实事求是思想路线的根本前提和根本环节，我们必须牢牢抓住不放。

第三章　马克思列宁主义与时俱进的光辉历程

解放思想，实事求是，与时俱进，是马克思主义的灵魂。马克思主义经典作家总是立足于时代要求，根据实践的变化和斗争的需要，不断丰富和发展自己的理论，把马克思主义理论和党的事业推向新的发展阶段。可以说，马克思主义的历史，就是与时俱进的历史，与时俱进使马克思主义永葆青春与活力。深入学习和研究马克思主义与时俱进的光辉历程，对我们在新的历史条件下坚持党的解放思想、实事求是的思想路线，运用马克思主义基本原理创造性地解决当前面临的重大理论和实践问题，把建设中国特色社会主义的伟大事业推向前进，具有十分重要的意义。

第一节　马克思主义：人类最壮丽事业的伟大理论基础

马克思和恩格斯在19世纪中叶站在最先进的工人阶级的立场上，创立了马克思主义。他们创立了科学的世界观即辩证唯物主义和历史唯物主义，创立了揭示资本主义剥削秘密的剩余价值学说，发现了人类社会发展演进的客观规律和总体趋势，从而为世界社会主义运动这一人类最壮丽的事业奠定了坚实的理论基础。

一、马克思主义是人类变革旧理论树起的思想丰碑

马克思主义是马克思和恩格斯共同创立的科学思想体系。这一科学思想体系是对人类历史经验的总结，在摒弃以往一切旧理论的基础上树起了前无古人的思想丰碑。

第一，马克思主义是其创始人站在时代潮头，批判地继承和发展前人理论的思想成果。

马克思主义产生于19世纪40年代，有着深刻的时代背

景、社会根源和思想根源。一方面，资本主义迅速发展，生产关系急剧变革，物质生产在社会生活中的作用日益突出，显示了历史发展的辩证法。同时，工业革命拓展了世界市场，使人们有可能突破狭隘的民族界限，从中发现人类社会发展的一般规律，这为马克思主义世界观的产生奠定了坚实的历史前提。随着资本主义的发展，生产社会化与资本主义私人占有制的矛盾日益加深，导致了一系列经济危机，预示了未来社会革命的性质和趋势。工人运动的蓬勃发展，也提出了创立无产阶级理论的时代要求。

另一方面，19世纪初，自然科学领域诞生了能量守恒和转化定律、细胞学说和生物进化理论这"三大发现"，为科学的认识论和方法论形成奠定了坚实的自然科学基础。社会科学方面，人类思想理论在19世纪初达到了新的高度，产生了德国古典哲学、英国古典政治经济学以及由法国的圣西门、傅立叶和英国的欧文提出的空想社会主义学说。这些理论成果尽管存在种种缺陷，但作为人类思想中的优秀遗产，为马克思主义的创立提供了直接理论来源。马克思、恩格斯正是适应上述时代要求，系统总结了无产阶级革命斗争经验，在吸收和改造、继承和超越上述优秀思想成果的基础上，创立了他们自己的科学理论体系。

第二，马克思、恩格斯的理论创作经历了深刻的思想上的与时俱进历程。马克思、恩格斯创立马克思主义，经历了一个深刻的思想转变过程即与时俱进过程。实现了从唯心主义向唯物主义，从革命民主主义向共产主义的伟大转变。他们从事理论创作的初期，政治上已经是激进的革命民主主义者，并积极参加了反对普鲁士专制的斗争。

马克思大学毕业后从事报刊出版工作，在同普鲁士政府的论战中接触了一系列现实问题，初步看到了物质利益对国家和法律的支配作用，这无疑是向历史唯物主义迈出了一步。1843年，马克思写出了《黑格尔法哲学批判》，批判地分析了黑格尔在国家和市民社会相互关系问题上的唯心主义观点，开始注意到了生产关系对国家的支配和决定作用。这是经济基础决定上层建筑思想的萌芽，促使他的思想加速从唯心主义向唯物主义、从革命民主主义向共产主义转变。同年，马克思发表《论犹太人问题》和《〈黑格尔法哲学批判〉导言》，阐明了无产阶级的历史使命和作用，肯定了人民群众创造历史的作用，表明他基本完成了向唯物主义和共产主义的转变。同时，恩格斯也完成了世界观和政治立场的转变，成了坚定的唯物主义者和共产主义者。

马克思、恩格斯思想的转变历程表明，在参加实践斗争和理论创作中，他们始终坚持理论与实践相统一，适应时代要求，不断超越前人和自己，不断将自己的思想推向前进。

第三，马克思主义的问世实现了人类思想史上的划时代变革。在完成向唯物主义和共产主义转变后，马克思和恩格斯经过艰苦探索和创作，创立了马克思主义的科学体系。（1）"第一个伟大发现"的基本完成。这一伟大发现不仅对于经济学，而且对于一切历史科学都是一个具有革命意义的发现。（2）马克思主义的第一次公开概述。马克思1847年发表的《哲学的贫困》是对马克思主义的第一次全面阐述。在这部著作中，马克思在深入批判蒲鲁东错误思想的同时，对唯物史观和科学社会主义作了较《德意志意识形态》更为精确的表述，特别是在政治经济学方面获得了突破性进展，指出了工人工资与工人产品价值之间的差额，为马克思"第二个伟大发现"（剩余价值理论）开辟了道路。（3）马克思主义诞生的伟大宣言书。1848年2月发表的《共产党宣言》，是马克思和恩格斯为"共产主义者同盟"起草的纲领，是马克思主义与国际工人运动相结合的产物。《共产党宣言》是科学社会主义的第一个伟大纲领，充分体现了马克思主义理论与实践统一、革命性和科学性统一、认识世界和改造世界统一等特征，它的问世标志着国际共产主义运动进入了一个崭新的历史阶段。

二、马克思主义在实践和论战中不断丰富和发展

《共产党宣言》发表后，马克思主义经受了1848年和1871年两次革命实践的检验，并在与工人运动的结合中得到广泛传播和深入发展。进入19世纪70年代以后，客观形势的发展，迫切要求马克思主义进一步系统化，充分发挥其世界观、方法论的作用。为此，马克思、恩格斯通过对革命实践的深入总结、深化、完善并在多方面展开了马克思主义，形成了博大精深的理论体系。

第一，《反杜林论》是马克思主义的百科全书。1871年至1875年间，德国小资产阶级思想家杜林，从哲学、经济学、社会主义理论三个方面向马克思主义发起了全面攻击。为提高德国工人阶级政党的理论水平，保证德国工人运动沿着正确方向发展，马克思、恩格斯决定公开回击杜林的进攻。在马克思的帮助下，恩格斯从1876年至1878年写出了《反杜林论》这一

传世名著，对杜林的错误思想进行了全面系统的批评。《反杜林论》在马克思主义发展史上占有极为重要的地位，第一次系统、全面地介绍了马克思主义理论的主要内容，论述了马克思主义哲学、政治经济学和科学社会主义三个主要组成部分之间的内在联系，揭示了马克思主义是科学的理论体系。

第二，马克思主义在多方面进一步深化和展开。伴随着社会实践的不断发展，马克思主义哲学、政治经济学和科学社会主义也在多方面得到了进一步深化和展开。

首先，关于马克思主义自然观和科学观。1873年，恩格斯在马克思支持下，决定写一部系统阐述马克思主义自然观的著作，《自然辩证法》就是第一次系统阐述这一自然观和科学观的开创性成果。该著作概括了当时自然科学的新成就，创立了系统的马克思主义自然观，批判了长期以来占统治地位的形而上学自然观，为自然科学提供了崭新的科学认识论和方法论。

其次，《资本论》是"工人阶级的圣经"。马克思从19世纪中期开始研究政治经济学，竭尽毕生精力写出了三卷本《资本论》，构筑了马克思主义政治经济学大厦。《资本论》这部巨著，批判地继承了前人的优秀思想成果，完成了对政治经济学研究对象、研究方法以及一系列重大理论课题的划时代变革。恩格斯说，《资本论》以揭示剩余价值为中心，剩余价值学说是马克思的"第二个伟大发现"，是对人类思想和无产阶级运动的最重大的历史性贡献之一，是"工人阶级的圣经"。《资本论》的出版标志着马克思主义政治经济学的确立。

　　再次，科学社会主义的展开。19世纪中后期，马克思、恩格斯写了大量著作，进一步阐述了科学社会主义的主要内容，主要包括以下四方面：一是社会主义从空想到科学的发展，把社会主义理论置于唯物史观和剩余价值学说的"现实的基础之上"。二是"两个必然"，即"资产阶级的灭亡和无产阶级的胜利是同样不可避免的"，社会化生产的发展产生了越来越多的"新的生产组织和交换组织的因素"，为社会主义准备着更充分的物质条件。三是共产主义社会发展的进程和阶段，共产主义第一阶段（社会主义）是革命转变时期即过渡时期，有一个由不成熟到成熟的发展过程。四是共产主义社会第一阶段的特征是生产力有很大发展，但还未达到极大丰富；生产资料实现社会占有，但占有程度还不高；还保留着旧式分工和脑力劳动和体力劳动之间、城乡之间、工农之间的差别；劳动者已从雇佣劳动中解放出来，但还未得到全面发展，共产主义觉悟还没有充分提高；在消费品分配方面，实行等量劳动领取等量报酬的原则。

三、坚持根据时代变化发展马克思主义

马克思、恩格斯晚年，资本主义开始由自由竞争阶段向垄断阶段过渡，国际工人运动出现了许多新情况、新问题。他们直面新世纪的许多征兆和资本主义发展中出现的许多新现象，进行了大量理论概括和分析，对时代变化提出的新课题进行了新的研究和探索，在批判工人运动中形形色色的错误思潮、特别是把马克思主义教条化的错误思潮的同时，进一步丰富和发展了马克思主义。

第一，撰写《共产党宣言》序言，强调马克思主义"是发展着的理论"。马克思、恩格斯从来不把自己的学说当作一成不变的东西，而是特别强调理论与实际、与具体的历史条件的结合和在实践中不断发展。他们对马克思主义的科学态度，集中体现在他们晚年对《共产党宣言》中某些观点的看法上。他们认为，《共产党宣言》是一个历史文件，已经没有权利来加以修改，但是可以根据历史条件变化和研究的深入，在序言中对《共产党宣言》中的一些内容加以说明、订正或补充，使之更加完善。1882年，他们在俄文版序言中指出，《共产党宣

言》发表三十余年来,资本主义出现了许多新情况,比如,欧洲移民在北美的大规模农业生产震撼着欧洲土地所有制的根基,还使美国能以巨大的力量和规模,很快摧毁西欧特别是英国的工业垄断地位。这说明,他们已注意到资本主义世界发展的不平衡性。这篇序言还分析了"俄国公社",提出了从土地公共占有形式"直接过渡到高级的共产主义的公共占有形式"的可能性。可以说,《共产党宣言》的序言是马克思、恩格斯坚持科学态度,在实践中不断发展自己理论学说的有力证明。

第二,恩格斯晚年对历史唯物主义的发展。恩格斯晚年先后写了《家庭、私有制和国家的起源》、《路德维希·费尔巴哈和德国古典哲学的终结》等著作,丰富和发展了《德意志意识形态》、《〈政治经济学批判〉序言》中关于历史唯物主义的基本原理。特别是在晚年的大量信件中,他尖锐地批判了把马克思主义曲解为"机械决定论"和"经济决定论"的倾向。指出他和马克思在创立唯物史观时,正值黑格尔派解体、唯心主义盛行。为了斗争的需要,在物质与精神、经济基础与上层建筑相互关系上,更多地强调了物质对精神、经济基础对上层建筑的决定作用,而对精神对物质、上层建筑对经济基础的反作用则阐述不够。为此,必须全面阐述上述社会矛盾的关系,恩格斯认为，政治、法律、哲学、宗教、文学、艺术等的发展都是以经济发展为基础的。但是，它们又都互相作用并对经济基础发生作用。上述观点，对人们全面、正确地理解历史唯物主义具有重要意义。

第三，始终注意研究资本主义的新变化。马克思、恩格斯毕生重视揭示资本主义的运动规律。他们剖析了资本主义社会的各个方面，揭示了资本主义基本矛盾的不可克服性，指明了社会主义必然战胜资本主义的历史发展趋势。但他们并未停留在已有结论上，而是对资本主义不断进行观察，注意研究它的每一重大新变化。例如，随着资本主义的发展，出现了股份公司。马克思敏锐地指出，这是作为私人财产的资本在资本主义生产方式本身范围内的"扬弃"。他还分析了合作工厂的意义，指出这种工厂表明在物质生产力和与之相适应的社会生产形式的一定的发展阶段上，一种新的生产方式怎样自然而然地从一种生产方式中发展并形成起来。恩格斯同时指出，股份公司大量出现，使单个企业生产成为一种例外。据此，恩格斯对他和马克思早期关于资本主义命运的结论进行了反思，并意识到当时欧洲大陆经济发展的状况还远没有成熟到可以铲除资本主义生产方式的程度。

第四,根据历史条件变化确定无产阶级斗争策略。19世纪中叶,在工人运动高涨时期,马克思、恩格斯曾认为无产阶级只有用暴力打碎资产阶级国家机器才能取得革命胜利。19世纪末,资本主义从自由竞争向垄断阶段过渡,革命形势发生了重大变化,无产阶级的斗争策略成为亟待解决的问题。恩格斯对此进行了新的探索,提出了无产阶级革命的两种方式,即在强调暴力革命重要性的同时,提出了可以运用合法手段进行和平斗争。特别是他在晚年的著作和书信中,根据当时资本主义发展的新情况,对无产阶级革命的策略问题提出了一系列新见解,认为和平的合法斗争已成为无产阶级反对资产阶级的主要斗争手段。无产阶级政党应利用一切合法手段,包括利用普选权开展议会斗争。这是恩格斯对于无产阶级斗争策略认识的重大变化。

第二节 列宁主义:马克思主义发展的新阶段

尊重实践,不拘泥于已有的理论,是列宁主义、特别是列宁社会主义思想最突出的品格。列宁深入研究马克思主义基本理论,又不止步于前人的结论,引领社会主义走出书本,扎根于现实的土壤。他从俄国实际出发，以巨大的理论勇气和政治魄力，在实践中适时果断地调整社会主义航船的航向，为建立和巩固世界上第一个社会主义国家作出了伟大贡献。

一、"一国胜利论"丰富和发展了马克思、恩格斯的社会主义革命理论

马克思、恩格斯曾认为社会主义革命将在多个主要资本主义国家同时发动并取得胜利。列宁在新的历史条件下，不拘泥于马克思的个别论断和具体行动纲领，遵循马克思主义基本原理和科学创新精神，从资本主义经济政治发展不平衡规律出发，得出了社会主义可能在一国或数国首先胜利的结论，丰富和发展了马克思主义关于社会主义革命的理论。

第一，马克思主义面临的时代挑战。马克思、恩格斯预见社会主义革命将首先在资本主义发达国家同时取得胜利的逻辑是：这些国家生产力发展水平最高，在资本主义制度框架内的发展空间相对狭小，使资本主义固有矛盾空前激化，资本主义生产关系的最大容纳极限最可能在这些国家同时被突破。因此，联合的行动是无产阶级获得解放的首要条件之一。马克思、恩格斯逝世后，资本主义进入帝国主义阶段，资本主义的

发展出现了新情况和新特点。资本主义固有的各种矛盾，即无产阶级和资产阶级、宗主国和殖民地、资本主义国家之间的矛盾，都空前激化，帝国主义统治的链条上出现了有利于革命的薄弱环节。社会主义革命作为紧迫的实践问题提上了各国无产阶级政党的议事日程。然而马克思、恩格斯自由资本主义时代提出的"同时胜利"论，仍在各国马克思主义者中占据主导地位。20世纪初，第一次世界大战爆发后，第二国际各国社会党纷纷倒向本国政府，支持帝国主义战争。在帝国主义阶段还能否以及如何进行社会主义的问题，尖锐地摆在马克思主义者面前。只有正确地解决这些重大理论问题，才能应对时代的挑战，指明无产阶级在帝国主义战争中的任务，阐明帝国主义时代无产阶级革命的道路和规律。

第二，"经济和政治发展的不平衡是资本主义的绝对规律"。1916年，列宁写了《帝国主义是资本主义的最高阶段》一书，运用马克思主义的方法，深入研究了帝国主义时代资本主义的新情况、新特点，发现了资本主义经济政治发展的不平衡规律。马克思、恩格斯分析过资本主义发展不平衡的大量事实，但没有把它概括为规律。帝国主义时代，资本主义发展的不平衡性日益突出，一些老牌资本主义国家发展缓慢甚至停滞不前；而一些较晚走上资本主义道路的国家却发展迅速。列宁指出，经济和政治发展的不平衡是资本主义的绝对规律，因此，社会主义可能首先在少数甚至在单独一个资本主义国家内获得胜利。他认为，战争必然加速革命条件的成熟，战争引起革命，使一国或数国可能突破帝国主义战线的薄弱环节而取得革命胜利。"一国或数国胜利论"突破了"共同胜利"的传统观点，丰富和发展了社会主义革命理论，实现了马克思主义理论与具体时代相结合的一次重大飞跃，为俄国无产阶级夺取十月革命的胜利奠定了坚实的理论基础。

第三，"世界革命史上一个最伟大的转折点"。1917年，俄国二月革命推翻了沙皇专制，出现了握有武装并受到群众广泛支持的工兵代表苏维埃和软弱的资产阶级临时政府两个政权并存的局面。列宁认为，沙皇政府的倾覆标志着俄国资产阶级民主革命的任务已经完成，不应把革命仅停留在民主革命阶段，使革命半途而废，必须向社会主义革命推进，不失时机地将民主革命转变为社会主义革命。他敏锐地把握历史机遇，多次给党中央写信，建议立即举行起义。强调在这样的时刻，如果不举行起义，"布尔什维克就会遗臭万年"，"彻底葬送革命"。列宁两次直接主持中央委员会，作出武装起义的决定。在向社会主义革命过渡的正确方针指导下，以列宁为首的布尔什维克党领导俄国人民取得了十月社会主义革命的伟大胜利。

二、新经济政策丰富和发展了社会主义建设理论

在俄国这样一个经济文化比较落后的国家建设社会主义，对于列宁和布尔什维克党来说，是"无史可鉴"的。列宁领导布尔什维克党进行了艰难曲折的探索。纵观列宁一生的思想发展过程，他的社会主义建设思想发展可以划分为三个阶段：1917年十月革命前为第一阶段，集中反映在《国家与革命》一书中，列宁对马克思、恩格斯思想成果和巴黎公社经验进行了高度的理论概括。十月革命胜利后到1920年国内战争结束为第二阶段。在这个阶段，初期的思想比较符合实际，以《苏维埃政权的当前任务》为代表。但到后来，由于战争的到来，列宁试图把马克思、恩格斯的设想和巴黎公社的原则直接运用于俄国社会生活，用无产阶级国家直接下命令的办法，在一个小农国家里按共产主义原则来调整国家的产品生产和分配，结果在实践中碰了壁。从1921年春到列宁逝世为第三阶

段。这一阶段，列宁从俄国经济文化落后的实际情况出发，重新审查以往的社会主义理论和实践，特别是通过总结苏维埃政权建立初期的经验教训，形成了适合俄国国情的社会主义建设新构想，以及为实现这一构想而制定的一系列相应的政策，即提出和实行了著名的"新经济政策"，极大地丰富和发展了马克思主义关于社会主义建设的理论。

第一，"现实生活说明我们错了"。十月革命胜利后不久，为应对大规模内战和英、法、美、日等14个帝国主义国家对苏维埃政权的武装干涉，苏维埃政府把整个国家纳入战时轨道，实行"战时共产主义"。实行"战时共产主义"，既有客观原因，也有主观指导思想上的原因。列宁对此作过评述：一方面，"当时不这样做就不能在一个经济遭到破坏的小农国家里战胜地主和资本家。……应当说我们实行'战时共产主义'是一种功劳"。另一方面，"同样必须知道这个功劳的真正限度。'战时共产主义'是战争和经济破坏迫使我们实行的。它不是而且也不能是一项适应无产阶级经济任务的政策"。[①]到1921年春天，战时共产主义遭到了严重的失败，表现在上层制定的经济政策同下层脱节，它没有促成生产力的提高。虽然战

---

① 《列宁选集》第4卷，人民出版社1995年版，第502页。

时共产主义在满足战争需要方面起到了积极作用，但也带来了很大消极影响。尤其是余粮征集制，从农民手里拿来了全部余粮，甚至有时不是余粮，而是农民必需的粮食。如果说出于战争需要，农民对此还可忍受，那么，战争结束后，农民就再也难以忍受了。1921年，农民的不满情绪酿成大规模的暴动。面对这种情况，列宁开始意识到，在一个经济文化比较落后、农民人口占多数的国家，革命胜利后就立即向纯社会主义形式和纯社会主义分配直接过渡，是力所不及的。于是，根据列宁提议，1921年召开的俄共（布）第十次代表大会，果断废止"战时共产主义"，向"新经济政策"转变。

第二，"改善农民的生活状况和提高他们的生产力"。"新经济政策"的中心内容是以粮食税代替余粮征集制，通过减轻农民负担，允许农产品自由贸易，扩大城乡商品交流，提高农民积极性，恢复农业生产，巩固工农联盟。列宁指出，必须立刻采取迅速的、最坚决的、最紧急的办法来改善农民的生活状况和提高他们的生产力。他认为，必须承认农民在经济上的独立性，承认私有制，对他们的产品不能搞无偿调拨，必须与他们进行等价交换。苏维埃政府除依靠实行粮食税这一新政策外，没有其他方法能吸引千百万农民参加社会主义建设。

"新经济政策"不仅调动了农民的生产积极性,也使农民可以获得购买机械、燃料、农药等扩大再生产的资金。农民积极性的提高推动了整个农业的迅速发展,为工业的恢复和发展提供了粮食和市场,促使整个国民经济逐步进入良性循环轨道。列宁还对如何引导农民逐步走上社会主义道路的方式进行了探索,指出改造小农必须同关心其个人利益结合起来,通过商业在经济上把千百万小农联合起来,引起他们经营的兴趣,把他们联系起来,把他们引导到更高的阶段——实现生产中各种形式的联系和联合。这种"联系和联合",是在改造小农问题上的新提法,突破了"公共的、集体的"大农业框框,标志着列宁在改造小农问题上的认识开始发生了根本转变。

第三,"应当把商品交换提到首要地位"。马克思和恩格斯在预测未来社会的特征时,提出未来社会将建立生产资料公有制,有计划地组织生产,商品货币关系也将不复存在。十月革命胜利后,列宁就是按照这种消灭商品货币的思路来组织社会经济生活的。为消灭商品、货币,1918年1月,苏维埃政府颁布了《关于组织居民各种食品、个人消费品和家庭日用品供应》法令,即"贸易垄断法令"。1920年,人民委员会还通过了《关于撤销人民银行》的法令。这些措施对保证战争最后胜利起了重要作用，但由于违背经济规律，带来严重后果。经济受到破坏，许多工厂停工，工人生活无着落。最后，列宁进行了认真总结。1921年初，他的思想开始发生变化，对国家调节商品和货币流通问题进行了一系列新论证：一是要把商品交换提到首位，作为"新经济政策"的主要杠杆；二是要把商业作为联系社会主义经济与小农经济的结合点；三是要把商业原则引入国有企业；四是要学会同外国人"做生意"。列宁关于恢复商品货币关系，发展商品经济的思想是其实行"新经济政策"的重要理论基础。这一思想的提出，标志着列宁已经改变了他过去关于社会主义建设的总体思路，这无疑是他探索落后国家如何建设社会主义所取得的重要理论成果。

第四，"我们对社会主义的整个看法根本改变了"。列宁对"新经济政策"的认识经历了一个不断深化的过程。开始时，只把它当成"退却"，是从"战时共产主义"这种经济政策的退却。但随着"新经济政策"的推广，列宁的思想开始发生变化，到1922年底至1923年初，他深刻认识到社会主义不能完全靠热情来建设，也不能不顾客观条件按书本来建设。晚年，由于"新经济政策"的成功实践和"合作社计划"的普遍推行，他改变了对社会主义的看法，认识到在俄国这个农民居多数的国家建设社会主义，不能把农民当成异己力量，必须充分考虑农民的要求，以占俄国人口80%的农民作为俄共（布）制定政策的出发点。他说，党应该不只是无产阶级利益的代表，还应该是其他阶层首先是农民利益的代表。从"战时共产主义政策"转变为"新经济政策"，是列宁对不发达国家如何建设社会主义进行重新认识的必然结果，本质上是要从根本上纠正过去脱离国情、脱离实际的做法，把社会主义建立在适合基本国情基础之上。列宁认为，合作社在无产阶级专政下发生了根本性的变化，现在可以说，单是合作社的发展就等于社会主义的发展。

三、列宁国家学说丰富和发展了马克思、恩格斯的社会主义政治制度理论

列宁之所以能不断深化对社会主义的认识，能形成新的社会主义思想，关键在于他始终强调实践的重要性，强调不要从书本中、而应从群众的实践中来探索和研究社会主义。1917年11月，列宁在全俄中央执行委员会会议上的讲话中指出："社会主义不是按上面的命令创立的。它和官场中的官僚机械主义根本不能相容；生机勃勃的创造性的社会主义是由人民群众自

己创立的。"[1]列宁思想的这一特点,不仅体现在他关于社会主义经济建设的系列论述中,而且还体现在他对社会主义政治建设的一系列富有远见的探索中。

十月革命前夕,为了迎接即将到来的无产阶级革命,列宁作了大量理论准备工作,对马克思主义的国家学说进行了深入系统的研究。在1917年写的《四月提纲》和《国家与革命》中,他从理论上构建了新政权的政治框架。十月革命胜利后,列宁将这一设想付诸实施,并在实践中及时总结经验,不断探索社会主义政治体制的改革和完善之路。

第一,"新型民主的和新型专政的国家"。1917年,布尔什维克党从理论上和政治上提出了苏维埃问题。列宁指出,新型的政权机关苏维埃在俄国已经诞生,并在《四月提纲》中正式提出要建立从上到下遍及全国的工人、雇农和农民代表苏维埃的共和国。苏维埃是新型的无产阶级专政国家形式,是能代替被打碎的旧的国家机器的新型国家机器。列宁对苏维埃政权的性质、形式、特点作了全面阐述,认为苏维埃是新型民主的国家。他阐明苏维埃政权的特点,一是有同群众极其密切联系着的武装力量;二是机构成员不是经过官僚手续,而是按照民

---

[1]《列宁全集》第33卷,人民出版社1985年版,第53页。

意选出和更换的；三是各行各业有紧密的联系，能不要官僚而使各种各样极其深刻的改革容易实行；四是保证无产阶级的先锋队发动、教育和领导群众，使广大群众不再处于政治生活之外；五是保证把议会制的长处和直接民主制的长处结合起来，把立法职能和执法职能在选出的人民代表身上结合起来。列宁认为，无产阶级不能简单地照搬资产阶级议会制和三权分立形式，但是并不应废除代表机构和选举制。苏维埃代表不应像资产阶级议员那样为愚弄老百姓而专门进行空谈，而应当亲自工作，直接对自己的选民负责。

第二，工农联盟是新政权的基础，是新政权巩固和发展的前提。列宁认为"新经济政策"实施以来，俄国社会存在着三大阶级：工人阶级、农民阶级和资产阶级。如何引导农民、怎样才能与农民建立密切的联盟，是新政权面临的一个非常重要的问题。在列宁看来，"战时共产主义政策"的最大教训就是没有处理好与农民的关系，而"新经济政策"的全部意义就在于找到了新经济同农民经济的结合。列宁在批评托洛茨基关于工农联盟必然分裂的理论时指出："在我们苏维埃共和国内，社会制度是以工人和农民这两个阶级的合作为基础的，现在也容许'耐普曼'即资产阶级在一定的条件下参加这个合作。如果在这两个阶级之间发生严重的阶级分歧,那么分裂将是不可避免的。但是,在我们的社会制度内并不存在必然发生这种分裂的基础,所以我们中央委员会和中央检察委员会以及我们全党的主要任务在于密切注视可能产生分裂的情况并预防这种情况发生,因为我们共和国的命运归根到底将取决于农民群众是和工人积极一道走,忠实于和工人阶级的联盟呢,还是让'耐普曼'即资产阶级把他们和工人拆开,使他们和工人阶级分裂。对这两种结局,我们看得愈清楚,我国全体工人和农民了解得愈清楚,我们避免那种会使苏维埃共和国覆灭的分裂的可能性就愈大。"①

可见,列宁当时并没有简单地否定托洛茨基的工农联盟必然分裂的理论,而是结合俄国实际指出分裂的可能性是存在的,这是由"耐普曼"即资产阶级经济的特点决定的,而且从经济的角度看,我们并不占优势。因此,必须预防而且完全可以预防分裂情况的发生,否则就可能危及社会主义事业。

第三,"全部工作都应该集中到改善机关上"。列宁始终致力于建设一个新型、高效、密切联系群众、并能直接代表人民群众及其意志的国家机关。他认为,无产阶级民主从法律上

---

① 《列宁全集》第43卷,人民出版社1987年版,第37页。

保障了人民群众参加国家管理的权利，苏维埃在吸收人民群众参加国家管理上所做的事初步显示了新型民主的优越性。他把改革国家机关提到关系社会主义成败的高度，告诫全党如果不进行有步骤的和顽强的斗争来改善机构，那我们一定会在社会主义的基础还没有建成以前灭亡。从1919年起，他反复强调反对官僚主义，其主要措施就是吸收群众参与管理国家事务和监督国家机关。列宁改革设想的核心，是有效地划分党政职能，实行干部选举制和建立有效的监督和制衡机制。应该说，这一设想抓住了苏联政治体制的主要弊端。1922年俄共（布）十一大召开前，列宁指出，必须十分明确地划分党（及其中央）和苏维埃政权的职责；提高苏维埃工作人员和苏维埃机关的责任心和独立负责精神，党的任务则是对所有国家机关的工作进行总的领导，不是像目前那样进行过分频繁的、不正常的、往往是琐碎的干预。他提出要建立可靠的机制防止个人专权。列宁在《给代表大会的信》中要求制定一项政治改革计划，建立可靠的民主保障，防止"领袖们"专权，凌驾于党组织之上。

关于国家体制改革，他开始探索分权制之路。提出在立法方面赋予国家计划委员会以立法权；建议改组工农检查院，使之能够真正与官僚主义作斗争。列宁希望参加定于1923年4月召开的党的第十二次代表大会,并提出他的上述改革设想,但是疾病阻止了他。列宁在他的最后信件中仍建议国家的全部工作都应该集中到改善机关上,这说明政治体制改革是列宁临终前极其关注的重大问题。他关于不断完善社会主义民主、适时改革政治体制的思想,大大丰富发展了马克思主义关于社会主义政治制度的理论,是列宁留给我们的无比珍贵的精神财富。

第四,新国家必须加强法制建设。列宁在大学期间是学习法律的,深知法制在现代社会中所起的重要作用。十月革命胜利后,列宁亲自领导制定了《告工人、士兵和农民书》、《和平法令》、《土地法令》等一系列重要的法令。1918年1月,列宁亲自草拟了《被剥削劳动人民权利宣言》,通过这些法律文件,初步确立了劳动人民在经济、政治、文化及社会生活中享有的各种权利,巩固了新生的工农政权。1918年7月10日,列宁主持召开了全俄苏维埃第五次代表大会,通过了苏俄第一部宪法,用根本大法的形式确认了新的国家政权。"新经济政策"实施之后,为了保障新经济的正常发展,列宁要求必须依法规范经济主体,特别是私营业主的活动。1922年2月,列宁在给司法人民委员库尔斯基的信中指出,司法部门在"新经济政策"实施中应当对所有的私营业主宣告:"做生意吧,发财吧！我们允许你这样做，但是我们将加倍严格地要求你做老实人，呈送真实准确的报表，不仅要认真对待我们共产主义法律的条文，而且要认真对待它的精神，不得有一丝一毫违背我们的法律。"①可以说，列宁为经济文化较为落后的国家初步确立了依法治国的思路。

总之，列宁关于社会主义革命和建设的一系列重要思想，是他在深刻认识俄国国情的基础上形成的。他认为俄国革命不是在资本主义充分发展的国家爆发的，革命后俄国社会的主要矛盾也不是同资产者之间的矛盾，而是同"前资本主义社会"的矛盾。这种矛盾具体表现为：在生产上与小资产者的矛盾，在政治上与封建制度残余的矛盾，在文化上与文盲愚昧的矛盾。这些矛盾在西方无产者"共同胜利"后所建成的社会主义社会中将是不会存在的，而是在俄国特殊的社会历史背景下形成的特殊矛盾，在解决这些特殊矛盾中所要建成的社会主义社会只能是一种新的文明的社会主义社会。

这种新的社会，既不同于资本主义社会，又有别于马克思、恩格斯设想的在主要资本主义国家取得共同胜利之后所要建立的那种理想的社会，而是落后国家自主选择的实现民族独

---

① 《列宁全集》第42卷，人民出版社1987年版，第428页。

立富强的通向理想的共产主义社会的社会。这种社会主义,虽然在指导思想、领导力量、政权性质、阶级基础、生产目的、分配制度等方面与马克思、恩格斯设想的理想社会有相同之处,但它又不是马克思、恩格斯设想的"原版的"理想社会,不论在量的方面,还是在质的方面都与马克思、恩格斯设想的理想社会存在着较大的差别。这种社会主义不是取代资本主义之后的那种社会主义,而是基本上在前资本主义社会之上建立起来的一种与资本主义制度并存的、或时刻处在资本主义包围之中的一种社会主义,是要充分吸收资本主义一切肯定成果的一种新的社会主义。当然,从社会发展的最终趋势看,这种新社会主义并不是偏离理想社会形态的社会主义,而是趋向于马克思、恩格斯提出的共产主义第一阶段的一种特殊的社会主义。

列宁作为世界上第一个社会主义国家的缔造者和领导人,无论是在理论上还是在实践上都对科学社会主义作出了极其伟大的贡献。他的晚年思想,特别是他关于"新经济政策"的思想,实际上已经从宏观上回答了落后国家如何建设社会主义的问题。1985年,邓小平指出:"社会主义究竟是个什么样子,苏联搞了很多年,也并没有完全搞清楚。可能列宁的思路比较好,搞了个"新经济政策"。但是后来苏联的模式僵化了。"①这里所讲的"列宁的思路",明确指"新经济政策"。遗憾的是,"新经济政策"后来在苏联被中断了,列宁关于"新经济政策"的思想在很长一段时间里也被人们遗忘了。党的十一届三中全会以后,邓小平带领我们拨乱反正,开创了社会主义中国的改革开放事业,使列宁的"新经济政策"思想得到了合乎逻辑的延续。从这个意义上说,十一届三中全会以来我们党的方针政策正是对"新经济政策"的恢复和发展,当然其内容要广泛得多,也深刻得多。因此,学习和研究列宁晚年的社会主义思想,对于正确认识社会主义的理论与实践,坚定建设有中国特色社会主义的信心,具有重大现实意义。

---

① 《邓小平文选》第3卷,人民出版社1993年版,第139页。

第四章　与时俱进与中国化马克思主义的发展历程

中国化的马克思主义是结合中国实际的创造性的马克思主义，它与马克思列宁主义一脉相承，但又是用新的理论和观点丰富和发展了的马克思列宁主义。中国共产党九十多年的革命斗争史表明：解决中国的时代课题，没有马克思列宁主义的指导不行，但是不根据中国革命的具体情况创造性地运用马克思列宁主义更不行。坚持马克思列宁主义不等于死守马克思、恩格斯、列宁的具体结论。

所谓马克思主义中国化，就是把马克思主义同时代特征和中国实际结合起来，使马克思主义的基本原理同中华民族的优秀思想和中国共产党人的实践经验结合起来，使之在其每一表现中都带着中国老百姓喜闻乐见的中国特性和中国气派。在中国共产党领导中国人民波澜壮阔的九十多年的奋斗历程中，中国化的马克思主义是引导中国革命、建设和改革走向胜利的根本保证和指路明灯，也是马克思主义发展史上最光辉的篇章。中国化的马克思主义作为马克思列宁主义与中国具体实际相结合的产物，它的产生具有历史的必然性，既源于马克思主义理论本质的内在要求，又深深扎根于中国革命和建设实践的客观需要之中。毛泽东思想和邓小平理论是马克思主义中国化的两大里程碑。"三个代表"重要思想是对毛泽东思想、邓小平理论的创造性继承和发展。

第一节　毛泽东思想：马克思主义中国化的第一次历史性飞跃

俄国十月革命的胜利，极大地鼓舞了其他国家人民争取自身解放的斗争。深受帝国主义、封建主义压迫的中国人民，从十月革命的胜利中看到了希望，开始接受马克思主义。随着马克思主义在中国的广泛传播，并与中国革命具体实际相结合，产生了中国化的马克思主义——毛泽东思想。邓小平指出，毛泽东思想在许多领域发展了马克思列宁主义。毛泽东思想是个体系，是发展了的马克思主义。

一、伟大的创造：新民主主义革命理论

在中国这样一个半殖民地半封建国家搞革命，面临着许多复杂特殊的问题，照抄马克思主义本本、照搬他国经验都不行。以毛泽东为代表的中国共产党人，坚持以马克思主义为指导，不断探索中国革命的特点和规律，创造性地提出了新民主主义革命的理论。

第一，"认清中国的国情，乃是认清一切革命问题的基本的根据"。毛泽东指出，只有认清中国社会的性质，才能认清中国革命的对象、中国革命的任务、中国革命的动力、中国革命的性质、中国革命的前途和转变。所以，认清中国的国情，是认清一切革命问题的基本的根据。中国共产党要领导中国革命取得胜利，首先必须正确认识和判断中国国情。党成立之初面临的重大问题是，中国的民主革命由谁来领导？为回答这一问题，毛泽东对中国社会各阶级的状况进行了深入调查研究，先后发表《中国社会各阶级的分析》和《湖南农民运动考察报告》，深刻阐明了中国革命的性质、对象、动力、领导力量及前途，形成了关于中国民主革命的基本思想。他指出："一切勾结帝国主义的军阀、官僚、买办阶级、大地主阶级以及附属

于他们的一部分反动知识界,是我们的敌人。工业无产阶级是我们革命的领导力量。一切半无产阶级、小资产阶级,是我们最接近的朋友。那动摇不定的中产阶级,其右翼可能是我们的敌人,其左翼可能是我们的朋友——但我们要时常提防他们,不要让他们扰乱了我们的阵线。"①

1939年,毛泽东发表《中国革命和中国共产党》一文,对中国社会性质作了全面论述。指出,帝国主义列强的侵略把一个独立的中国变成了一个半殖民地和殖民地的中国。正是这种半殖民地半封建的社会性质,决定了中国社会的主要矛盾必然是帝国主义与中华民族的矛盾,封建主义与人民大众的矛盾。而帝国主义与中华民族的矛盾,乃是各种矛盾中的最主要的矛盾。他对中国国情的认识和判断,是马克思主义基本原理与中国革命具体实际相结合的重要成果。

第二,"农村包围城市,武装夺取政权"。1927年大革命失败后,我们党面临走什么革命道路的重大抉择。当时在党内处于主要领导地位的同志,仍然把革命的希望寄托在中心城市起义上。但党内"左"倾错误及其严重后果证明,"城市中心论"行不通。以毛泽东为代表的中国共产党人,认真汲取

---

① 《毛泽东选集》第1卷,人民出版社1991年版,第9页。

"左"倾错误的教训,创造性地运用马克思主义解决中国革命的道路问题,逐步找到了以农村包围城市、最后夺取全国政权的正确道路。秋收起义后,毛泽东率先走上了创建农村革命根据地的道路。他指出:俄国革命道路不适合中国革命。党内大多数同志在革命实践中也逐渐认清了"城市中心论"的危害。随着农村斗争的开展,特别是毛泽东开辟的井冈山革命根据地的扩大,以农村斗争为中心的思想逐步得到全党同志的认同。毛泽东还先后在《中国的红色政权为什么能够存在》、《井冈山的斗争》等文章中,分析了中国红色政权能够存在和发展的条件,提出"工农武装割据"的思想,为中国特色的民主革命道路奠定了理论基础。

抗日战争时期,毛泽东结合对日作战的新形势,针对王明等人只重视城市、不重视农村的错误倾向,指出中国必须继续走农村包围城市的道路。在《战争和战略问题》等文章中,进一步系统总结了土地革命战争的历史经验和抗日战争的新经验,批判了在革命道路问题上照搬外国经验的教条主义,阐述了"农村包围城市,武装夺取政权"的理论。这一理论是一个伟大创新,它所指明的道路是中国革命唯一正确的道路。

第三,"新民主主义的革命,就是在无产阶级领导之下的人民大众的反帝反封建的革命。为了推动中国革命的发展，1939年到1940年间，毛泽东发表了《〈共产党人〉发刊词》、《中国革命和中国共产党》、《新民主主义论》等著作，系统阐明了新民主主义革命的理论。中国社会性质和主要矛盾决定了革命要分两步走：一步是民主革命，一步是社会主义革命。民主革命的任务是推翻帝国主义和封建主义统治，改变中国半殖民地半封建的社会性质，使中国社会变成一个独立的民主的社会，并为社会主义革命作必要准备。他进而指出，中国民主革命划分为两个阶段。十月革命前，中国资产阶级民主革命是旧的世界资产阶级民主革命的一部分。十月革命后，中国资产阶级民主革命属于新的世界资产阶级民主革命的范畴，从革命阵线上说，则是世界无产阶级社会主义革命的一部分。这意味着中国的民主革命的领导者已不再是资产阶级，而是无产阶级。

中国无产阶级是社会各阶级中最先进的阶级，除了一般无产阶级的优点，它还有三个显著特点：最集中；革命最坚决、战斗力最强；与农民有天然的联系。这决定了中国无产阶级能够担负起领导民主革命的重任。在此基础上，毛泽东提出了党的新民主主义革命总路线，明确规定无产阶级必须掌握民主革命的领导权,建立以工农联盟为基础的广泛的革命统一战线。中国革命的根本任务是推翻帝国主义和封建主义统治,建立一个无产阶级领导的、以工农联盟为基础的、各革命阶级联合专政的新民主主义的共和国。新民主主义理论的创立,实现了马克思主义与中国革命具体实际相结合的第一次历史性飞跃,形成了毛泽东思想。中国共产党在毛泽东思想的正确指导下,领导人民最终取得了民主革命的胜利。

二、新的尝试:中国社会主义革命和建设的理论

新民主主义革命胜利以后,中国向何处走?这是我们党面临的一个崭新课题。以毛泽东为代表的中国共产党人在马克思主义指导下,创立了人民民主革命向社会主义革命转变的道路,创立了人民民主专政理论,实现了对生产资料私有制的社会主义改造,在探索社会主义建设道路的过程中,也取得了一系列重要的理论成果,丰富和发展了马克思主义关于社会主义革命和建设的理论。

第一,"中国革命必须分为两个步骤"。如前所述,毛泽东认为,中国革命必须分为两步走,第一步是民主革命,第二

步使革命向前发展，建立社会主义社会。他认为，民主革命的结果不可能建立资产阶级专政国家。同时，由于中国半殖民地半封建的社会性质，资本主义没有得到充分的发展，因此立即建立社会主义性质的国家也是不合时宜的。因而，新民主主义革命胜利后要经过一个过渡阶段，才能转向社会主义革命。根据这种认识，我们党设想用三个五年计划的时间进行新民主主义建设，发展经济，实现国家工业化。在国家经济文化发展以后，再采取和平过渡的方式，实现向社会主义转变。这是一个先建设后转变、先工业化后社会主义改造的设想。

毛泽东指出，中国革命在全国的胜利，并且解决了土地问题以后，中国还存在两种基本的矛盾。第一种是国内的，即工人阶级和资产阶级的矛盾。第二种是国外的，即中国和帝国主义国家的矛盾。这种基本矛盾决定了国民经济恢复时期的主要任务是：肃清国民党反动派的残余武装力量；召开各级人民代表会议，建立各级人民政府；接收帝国主义在华资产，没收官僚资本；完成土地改革，建立新民主主义经济体系，发展社会生产力。在彻底消灭帝国主义、封建主义和官僚资本主义后，无产阶级与资产阶级的矛盾，就成为新民主主义社会的主要矛盾。要以发展国营经济为主体，普遍建立合作社经济，使合作社经济与国营经济密切结合起来，扶助独立的小生产者并使之逐渐向合作社方向发展；组织国家资本主义经济，在有利于国计民生的范围之内，容许私人资本主义经济发展。就是说，在可能条件下，逐步增加国民经济中的社会主义成分，加强国民经济计划性，以便逐步转变到社会主义。

第二，建立"工人阶级（经过共产党）领导的以工农联盟为基础的人民民主专政"。毛泽东把经典作家的无产阶级专政理论与中国实际相结合，提出了中国式的人民民主专政理论。马克思、恩格斯在阐述无产阶级专政时指出，由于各国历史条件不同，建立无产阶级专政的形式必然有各自特点。列宁从俄国无产阶级只占全国人口少数的具体情况出发，建立了由无产阶级与广大劳动阶层结成特种形式阶级联盟的苏维埃政权，作为实现无产阶级专政的形式。毛泽东则根据中国半殖民地半封建社会的性质、农民占多数和民族资产阶级具有两面性的具体情况，创造性地提出，民主革命胜利后，中国只能建立工人阶级领导的、以工农联盟为基础的人民民主专政的国家政权。

在《新民主主义论》和《论联合政府》中，毛泽东阐明了新民主主义革命要建立的国家制度是无产阶级领导下的一切反帝反封建的人民联合专政的民主共和国，既不同于资产阶级专政的资产阶级共和国，也不同于无产阶级专政的社会主义共和国。这标志着人民民主专政理论的初步形成。1949年，毛泽东在新年献词《将革命进行到底》中提出"人民民主专政"概念。在《论人民民主专政》一文中，深刻总结了中国革命的经验，论述了人民民主专政思想。他说："总结我们的经验，集中到一点，就是工人阶级（经过共产党）领导的以工农联盟为基础的人民民主专政。这个专政必须和国际革命力量团结一致。这就是我们的公式，这就是我们的主要经验，这就是我们的主要纲领。"①根据这一思想，1949年中国人民政治协商会议通过的《中国人民政治协商会议共同纲领》明确规定：中国人民民主专政是中国工人阶级、农民阶级、小资产阶级、民族资产阶级及其爱国民主分子的人民民主统一战线的政权，而以工农联盟为基础，以工人阶级为领导。

第三，要"逐步实现国家对农业、对手工业和对资本主义工商业的社会主义改造"。1952年，毛泽东改变了原来设想的"先建设，后改造"的由新民主主义革命向社会主义革命转变的思路，提出了"建设与改造同时并举"、以改造促建设的新思路，决定实施社会主义改造的重大步骤，逐步向社会主义

---

① 《毛泽东选集》第2卷，人民出版社1991年版，第687页。

过渡。他认为当时中国具备了社会主义改造的可能：国营经济有很大发展，显示出比其他经济成分更大的优越性；工商业调整，积累了利用和限制私营工商业的许多经验；农业互助合作运动，实际上就是对个体农业进行社会主义改造的最初步骤；"三反"、"五反"斗争，形成了可能完全控制资本主义工商业的局面。

正是在这种形势下，党中央1953年9月制定了党在过渡时期的总路线。这就是：要在一个相当长的时期内，基本上实现国家的社会主义工业化，并逐步实现国家对农业、手工业和资本主义工商业的社会主义改造。在过渡时期总路线的指引下，从1953年起，全面开展了对生产资料私有制的社会主义改造。关于对农业、手工业进行社会主义改造的理论和实践，丰富和发展了马克思主义关于合作化的原理，开辟了一条适合中国情况的农业、手工业合作化的独特道路。尽管在后期出现了过粗、过快、形式过于单一的问题，但合作化总的来说是成功的。与此同时，到1956年底，全国基本上完成了对私营工商业的社会主义改造。这一改造虽然在实践中也出现了某些偏差和失误，但成就是主要的，在社会很少震动的情况下，较快地完成了马列曾经设想过但未曾实行的和平改造资本主义私有制的历史使命。

第四,"我们的根本任务已经由解放生产力变为在新的生产关系下面保护和发展生产力"。1956年,生产资料所有制的社会主义改造基本完成,中国进入了全面建设社会主义的新时期。以毛泽东为代表的中国共产党人对社会主义建设道路进行了深入探索,这种探索虽然由于各种原因经历了长期的艰难曲折,但也留下了一些积极的理论成果,丰富和发展了马克思主义关于社会主义建设的理论。解放和发展生产力是社会主义的本质要求。

早在民主革命时期,毛泽东就指出:"中国一切政党的政策及其实践在中国人民中所表现的作用的好坏、大小,归根到底,看它对于中国人民的生产力的发展是否有帮助及帮助的大小,看它是束缚生产力的,还是解放生产力的。"①社会主义改造完成后,他对阶级关系新变化作了符合实际的估计。党的八大正确分析了我国阶级关系和主要矛盾的变化,指出我国无产阶级与资产阶级之间的矛盾已经基本解决,社会的主要矛盾已经是人民对于经济文化迅速发展的需要与当前经济文化不能满足人民需要的状况之间的矛盾,党和人民的主要任务是集中

---

① 《毛泽东选集》第3卷,人民出版社1991年版,第1079页。

力量发展社会生产力。毛泽东指出："我们的根本任务已经由解放生产力变为在新的生产关系下面保护和发展生产力。"①毛泽东对社会主义经济改革的问题也进行过深入思考。比如，充分利用和发展沿海工业（特别是轻工业）的老底子，以利于有力发展和支持内地工业；在管理体制上，要在巩固中央统一领导前提下，扩大企业的、地方的权力等。这些主张，虽然是为了完善社会主义的计划经济体制，但却突破了苏联的模式。

第五，要"正确处理人民内部矛盾"。社会主义还存在不存在矛盾？怎样认识社会主义的矛盾？对此问题，马克思主义经典作家没有提供现成的答案。列宁曾认为：在社会主义下，对抗将会消失，但矛盾仍将存在。但这一思想并未得到进一步展开。斯大林在较长时期不承认社会主义社会的生产关系、上层建筑与生产力、经济基础之间存在矛盾，直到逝世前才在一定程度上勉强承认，社会主义社会搞得不好也会发生冲突。第一次全面提出这一问题的是毛泽东。他是有针对性地讲这个问题的，主要是针对苏东各党不敢承认社会主义还有矛盾，而实际上在他们的国家却发生了尖锐的矛盾，如波兰事件、匈牙利事件等。毛泽东指出，在社会主义社会，生产力与生产关系之

---

① 《毛泽东选集》第7卷，人民出版社1991年版，第218页。

间、经济基础与上层建筑之间的矛盾仍是基本矛盾，但是这种矛盾已不是对抗性矛盾，并据此提出了严格区分和正确处理两类不同性质的矛盾的理论。指出，社会主义社会的非对抗性的基本矛盾表现在人与人的关系上，就是人民内部矛盾。解决各种人民内部矛盾的根本原则是在人民内部实行民主集中制，坚持"团结—批评—团结"的方针。对极少数敌视和破坏社会主义事业的敌对分子则必须实行专政。从党的建设来看，强调提倡干部保持与人民群众的密切联系，要切实加强党外的民主监督，与各民主党派"长期共存，互相监督"。毛泽东关于"正确处理人民内部矛盾"的理论，第一次系统论述了社会主义社会的矛盾，揭示了社会主义社会发展的根本动力，对于指导我国经济、政治和文化建设，具有重大的指导意义。

三、跳出历史周期率：无产阶级政党建设的理论

在长期革命和建设实践中，毛泽东一贯十分重视党的建设，形成了一套具有独创性的政党建设理论。这一理论阐明了我们党成长、发展的规律，特别是党在革命与建设事业中实现领导作用的规律和自身建设的规律，丰富和发展了马克思主义

建党理论。

第一,"党的建设中最主要的问题,首先就是思想建设问题"。民主革命时期,党和军队长期在农村革命根据地活动,大量农民和小资产阶级加入到党的队伍中来。因此,在党内,存在着各种非无产阶级的思想意识。在井冈山时期,毛泽东就指出,边界各县的党几乎完全是农民的党,若不是以无产阶级思想领导,其趋向是要犯错误的。为此,他提出着重从思想上建设党的原则,即帮助农民和小资产阶级出身的人克服非无产阶级思想,树立无产阶级思想,保证党的性质的先进性。他的这一正确建党原则回答了农民占人口绝大多数的国家无产阶级政党建设的关键问题,逐渐被全党所接受。思想建设是党的各项建设的基础。着重从思想上建设党,必须加强马克思主义的思想教育;必须用批评与自我批评的方式使党员的思想和党内的生活都政治化、科学化;必须发挥广大党员、特别是党员干部的先锋模范作用,全心全意为人民服务;必须注意调查研究,做到实事求是。毛泽东关于着重从思想上建设党的思想,成为我们党加强自身建设的主要经验之一。

第二,"造成一个又有集中又有民主"的"政治局面"。我们党是按照民主集中制原则建立起来,并按这一原则进行组织活动的无产阶级政党。井冈山时期，毛泽东提出实行民主主义的主张。1929年古田会议决议，对民主集中制作了系统概括，提出党在组织上，厉行集中指导下的民主生活。抗日战争时期，毛泽东立足于争取千百万群众进入抗日民族统一战线的任务，认为集中制应密切联系民主制，用民主制的实行发挥全党的积极性。1945年，在中共七大政治报告中，他把民主集中制作了更加深刻、准确的解释。社会主义建设全面开始后，他又把民主集中制原则扩大到国家政治生活，提出："我们的目标，是想造成一个又有集中又有民主，又有纪律又有自由，又有统一意志，又有个人心情舒畅、生动活泼，那样一种政治局面。"①这些论述进一步丰富和发展了列宁关于民主集中制的思想。

第三，发扬"理论和实践相结合的作风，和人民群众紧密联系在一起的作风以及自我批评的作风"。党的作风体现着党的性质和宗旨，是党的世界观和方法论在实践中的表现。坚持优良传统和作风，是共产党员党性的集中体现。在夺取国家政权以后，如果执政党脱离人民群众，又缺乏自我批评精神，就很可能走向腐败，走向失败。所以，执政党的作风问题是关

---

①《毛泽东选集》第5卷，人民出版社1977年版，第456—457页。

系党的生死存亡的问题。毛泽东在党内最先提出党风这个概念，并对党风问题作了系统论述。第二次国内革命战争时期，他写了《关于纠正党内的错误思想》一文，实际上就是要纠正党内的各种不正之风。这一时期，他针对党内发生的教条主义错误，写了《反对本本主义》等论文，大力倡导调查研究，倡导马克思主义理论同中国革命具体实际相结合。抗日战争时期，他提出了反对主观主义以整顿学风，反对宗派主义以整顿党风，反对党八股以整顿文风。他在《论联合政府》中，进一步把党长期以来在实践中培养起来的优良品德和作风，概括为理论联系实际、密切联系群众、批评与自我批评三大作风。解放前夕，他要求全党继续保持谦虚谨慎、不骄不躁的作风，保持艰苦奋斗的作风。三大改造完成后，在全面建设社会主义的新形势下，他要求全党一定要警惕，不要滋长官僚主义作风。1957年，他提出要反对官僚主义、宗派主义和主观主义，整顿党的作风，发扬艰苦奋斗的精神，全心全意为人民服务。

四、活的灵魂：毛泽东思想的基本原则

从总体上讲，不管是新民主主义革命理论，还是社会主义革命和建设理论，抑或是无产阶级政党建设理论，都包含实事

求是、群众路线和独立自主这三个基本原则。这些基本原则贯穿于毛泽东思想的各个组成部分，是毛泽东思想的活的灵魂。

第一，"实事求是"。实事求是，就是从实际出发，理论联系实际。以毛泽东为代表的中国共产党人在长期革命和建设实践中，注重马克思主义的理论研究和实际运用，不断总结经验教训，形成了实事求是的思想路线。毛泽东历来主张把马克思主义与中国具体实际相结合，提出要教育党员用马克思主义方法分析形势，注意进行社会调查，由此决定斗争策略和工作方法。《反对本本主义》一文，提出了"没有调查就没有发言权"的重要论断，旗帜鲜明地批判了把马克思主义教条化、把共产国际决议和苏联经验神圣化的错误倾向。《实践论》和《矛盾论》两篇光辉著作，从哲学上概括了党的历史经验教训，批判了"左"右倾机会主义，特别是"左"倾教条主义的错误及其认识论根源，阐发了马克思主义的认识论和辩证法，丰富和发展了马克思主义。《中国共产党在民族战争中的地位》明确使用了"实事求是"的概念，要求共产党员应是实事求是的模范。同时，全党提出了使马克思主义中国化的任务。《〈共产党人〉发刊词》进一步提出"马克思列宁主义的理论和中国革命的实践相结合"的概念。《改造我们的学习》尖锐批判了对待马克思主义的主观主义态度，提出要有的放矢地对待马克思主义，阐明了"实事求是"的科学内涵。总之，实事求是是马克思主义的根本立场、根本观点、根本方法，是毛泽东思想的精髓，体现了世界观和方法论的统一，体现了主观和客观、理论和实践的具体的历史的统一，体现了具体问题具体分析的唯物辩证法的原则，使人们正确认识世界、改造世界有了强大的思想武器。

第二，"一切为了群众，一切依靠群众，从群众中来到群众中去"。这是党的根本工作路线，是党在长期革命斗争中积累出的一条宝贵经验。1930年，毛泽东在《反对本本主义》一文中指出，共产党正确的斗争策略，是在群众的斗争过程中产生的。1934年，他在《关心群众生活，注意工作方法》中指出，真正的铜墙铁壁是群众。为了动员和组织群众参加革命战争，党和政府必须关心群众生活，真心实意地为群众谋利益，必须注意工作方法。抗日战争时期，尤其在延安整风运动中，他更明确更系统地论述了群众路线，提出诸如群众是真正的英雄的观点，为群众谋利益是共产党员革命的出发点和归宿的观点，群众的意见和经验是党制定政策的基础的观点，发动群众自己解放自己的观点，只有做群众的学生才能做群众的先生的观点,既反对命令主义又反对尾巴主义的观点等。在党的七大上,毛泽东对群众路线作了进一步论述,指出与最广大人民群众取得最紧密的联系是共产党人区别于其他任何政党的显著标志之一,是党的三大优良作风之一。他在《论联合政府》一文中指出,我们党必须坚持全心全意为人民服务,一刻也不脱离群众;一切从人民的利益出发,而不是从个人或小集团的利益出发;向人民负责和向党的领导机关负责的一致性。离开群众路线,就不可能有正确的思想路线、政治路线和组织路线,就背离了群众路线,党的事业就要受到损失。

第三,"独立自主"。独立自主原则,坚持从实际出发与充分发挥主观能动性的高度统一,是马克思主义普遍原理与中国具体实际相结合的基本要求,是坚持党的实事求是、群众路线的必然结论。第一次大革命失败后,以毛泽东为代表的中国共产党人,独立自主地把马克思主义与中国革命具体实际相结合,深入农村,建立革命根据地,开辟了一条有中国特色的农村包围城市的革命道路。1930年,针对当时党内盛行的教条主义和把外国经验以及共产国际的决议神圣化的倾向,毛泽东在《反对本本主义》一文中鲜明地指出,中国革命斗争的胜利要靠中国同志了解中国情况，这是独立自主思想的初步表述。在后来发表的《中国革命战争的战略问题》中，毛泽东明确使用了"独立自主"概念。延安整风时期，他把独立自主的原则上升到思想方法的高度。指出，在制定方针、政策、战略和策略时，必须把马克思主义普遍真理与中国具体实际相结合，走出适合中国国情的道路。在统一战线中，要敢于坚持无产阶级和人民群众的根本利益，以斗争求团结，而不是放弃自己的原则和立场求得与剥削阶级和平共处。在革命中，要充分发挥主观能动性，不是消极地等待时机成熟，把希望寄托在外部条件变化上，而是主动积极地靠发动和组织人民群众，以自己的力量去创造条件，争取胜利。在坚持独立自主原则时，要反对狭隘的民族主义和狭隘的爱国主义。总之，实事求是、群众路线和独立自主原则，是毛泽东思想的精髓，是指导中国民主革命走向胜利的理论武器。

1945年6月，党的七大正式把毛泽东思想确立为全党一切工作的指导思想。把毛泽东思想确立为指导思想，集中体现了中国革命和建设事业发展的客观需要，充分反映了全党的共识。

第二节　邓小平理论：马克思主义中国化的第二次历史性飞跃

邓小平理论，作为马克思主义中国化第二次历史性飞跃的伟大成果，在马克思主义发展的历史上具有重要而独特的地位，它创造性地继承和发展了马克思主义，开拓了科学社会主义发展的新境界。在马克思主义发展史上，如果说，马克思、恩格斯的贡献在于把社会主义理论由空想变成科学，列宁、毛泽东的贡献在于把科学理论变成现实，那么，邓小平的贡献就在于回答了社会主义特别是相对落后国家的社会主义如何建设、如何巩固、如何发展的问题。邓小平理论是在和平与发展成为时代主题的条件下，总结我国社会主义建设的历史经验，在我国改革开放和现代化建设实践中，借鉴其他社会主义国家兴衰成败经验教训的基础上，逐步形成和发展起来的。

一、冲破"两个凡是"禁锢，重新确立马克思主义思想路线

邓小平对马克思主义的新发展，是以"真理标准问题的

大讨论"和党的十一届三中全会召开为起点的。1976年，"四人帮"被粉碎，但党和国家面临的政治局面仍然极其复杂，当时盛行的"两个凡是"严重窒息着毛泽东思想的生命。冲破"两个凡是"的束缚，重新确立正确的思想路线，成为坚持和发展马克思主义的迫切任务。1977年，尚未恢复工作的邓小平给中共中央写信指出："必须世世代代地用准确的完整的毛泽东思想来指导我们全党、全军和全国人民，把党和社会主义的事业，把国际共产主义运动的事业，胜利地推向前进。"①他强调："两个凡是"不符合马克思主义。在他的支持下，一场关于"真理标准问题的大讨论"在全国展开。1978年在全军政治工作会议上，他批评某些同志天天讲毛泽东思想，却往往忘记、抛弃甚至反对毛泽东的实事求是这一根本观点和根本方法。同年，我们党召开了具有历史意义的十一届三中全会，高度评价了"实践是检验真理的唯一标准"问题的讨论，重新恢复和确立解放思想、实事求是的思想路线。在十一届三中全会精神指引下，党开始了全面拨乱反正，在彻底否定"文化大革命"，否定"以阶级斗争为纲"的同时，实现了党的工作重点

---

① 《邓小平思想年谱》（1975—1997），中央文献出版社1998年版，第26页。

转移。邓小平以巨大的政治和理论勇气，亲自主持起草了《关于建国以来党的若干历史问题的决议》，认真总结党的历史经验，科学评价毛泽东的功过是非，正确认识毛泽东思想的指导地位，探索有中国特色社会主义发展道路。从此，我们党在开拓马克思主义新境界的征途上，演出了一幕幕与时俱进的辉煌乐章。

二、突破社会主义僵化模式，创造性地提出改革开放理论

世界上的社会主义国家包括中国，都是"以俄为师"，学苏联的样子，照苏联模式干起的。苏联模式对我国初期建设和发展有一定促进作用，但随着时间的推移，其弊端就逐步显现出来了，它的高度集权和僵化的体制严重窒息了社会主义建设的健康发展。对此，邓小平明确提出必须改革，不改革就没有出路。"如果现在再不实行改革，我们的现代化事业和社会主义事业就会被葬送掉。"①他以无产阶级革命家的远见和气魄，毅然抛弃苏联模式，开创了中国改革开放和现代化建设的历史鸿篇。

---

① 《邓小平文选》第3卷，人民出版社1993年版，第178页。

第一,"改革是中国的第二次革命"。邓小平基于对社会主义建设经验的总结,全面阐明了改革开放的性质、目的、内容、方式和步骤等问题,形成一整套社会主义改革开放的理论。改革是什么?邓小平的回答是:改革是中国的第二次革命。改革的性质同过去的革命一样,也是为了扫除发展社会生产力的障碍,使我国摆脱贫穷落后状态。从这个意义上说,改革也可以叫革命性的变革。这就是继新民主主义革命和社会主义改造之后,我们党领导的一场新的革命,目的是使陷入僵化和停滞的社会主义焕发出生机和活力,把经济文化比较落后的中国,变成一个富强、民主、文明的现代化国家。邓小平指出,改革是社会主义发展的动力。这个"动力论"是对马克思主义的重要发展。过去经典作家一直认为,阶级斗争是阶级社会发展的直接动力。在无产阶级夺取政权之前,这无疑是一条普遍真理。但在社会主义制度确立后,在以经济建设为中心的情况下,社会主义发展的直接动力是什么?这个问题马克思主义创始人未遇到,列宁没有说过,毛泽东探索了这个问题,但在晚年发生了偏差,把阶级斗争当作推动社会主义社会发展的动力。邓小平彻底否定了这种观点,提出改革动力论,指出社会主义基本制度是好的,但体制方面还存在诸多弊端,要从根本上改革束缚生产力发展的经济、政治体制，推动社会主义发展。这一"动力论"是对科学社会主义的重要贡献。

第二，"改革是全面的改革"。1978年，邓小平在谈到改革时说，革命既然要大幅度地改变目前落后的生产力，就必然要多方面地改变生产关系，改变上层建筑，改变工农业企业的管理方法和国家对工农业企业的管理方式，使之适应于现代化大经济的需要。他指出，改革是全面的改革，包括经济体制改革、政治体制改革和相应的其他各个领域的改革。只搞经济体制改革，不搞政治体制改革这不对，应该把政治体制改革作为改革向前推进的一个标志。还说，所有改革最终能否成功，决定于政治体制改革。1980年，他在中央政治局扩大会议上发表题为《党和国家领导制度的改革》的重要讲话，明确提出了政治体制改革的内容和任务。党的十三大根据邓小平的思想，明确把政治体制改革作为一项突出任务提到全党面前，规划了政治体制改革蓝图。邓小平政治体制改革的思想，强调社会主义民主的制度化、法律化，使制度和法律不因领导人的改变而改变，不因领导人的看法和注意力的改变而改变。他还十分注重从铲除封建残余的角度考虑政治体制改革的任务："我们的人民、我们党受封建主义的害很重，但是一直没有把肃清封建主义的影响作为一个重要任务来对待。现在，党内为什么有人搞特权？这和封建主义影响分不开。废除领导干部职务终身制、领袖终身制的问题，我们这代人活着的时候，非解决不可。党内生活、社会生活都要肃清封建主义的影响。各种制度，都要从肃清封建主义的角度去考虑，逐步加以改革。"这些观点，都是创新发展马克思主义的非凡篇章。

第三，"中国的发展离不开世界"。第二次世界大战以后，一批经济、科技和社会文化比较落后的国家建立了社会主义制度，可是它所面对的是相对发达的资本主义世界。斯大林曾提出"两个平行世界市场"的观点，认为社会主义国家可以脱离世界统一市场而存在和发展。中国改革以前，对外基本上处于封闭、半封闭状态，这给社会主义发展带来了严重困难。针对这种情况，邓小平完整系统地提出了社会主义国家对外开放的理论，并提出："现在的世界是开放的世界"、"中国的发展离不开世界"等观点。这一对外开放理论，深刻阐述了我国实行对外开放的重要性、必要性，并把对外开放确定为一项必须长期坚持的基本国策，提出必须大胆吸收借鉴人类社会创造的一切文明成果。同时，他还提出了我国对外开放的战略部署。一是对外开放的总布局，对世界所有国家开放、对各类国家开放。二是把对外开放与现代化"三步走"战略目标相协调，一起规划。三是采取多种形式扩大开放，开始从扩大进出口入手，做出利用外资的重大决策；创办经济特区，开放沿海城市，建立新技术开发区，形成了多层次、全方位的开放格局。三十多年来，邓小平的对外开放理论在实践中取得了举世公认的成就。

三、摒弃超越阶段的空想，创造性地提出社会主义初级阶段理论

社会主义初级阶段理论，是邓小平深刻总结党的历史经验和教训，对中国国情重新认识的结果，是邓小平理论的立论基石，是对科学社会主义理论的重大贡献。

第一，"离开现实和超越阶段采取一些'左'的办法，这样是搞不成社会主义的"。毛泽东在民主革命时期就指出，认清中国的国情，乃是一切革命问题的基本的根据。1956年社会主义改造完成后，党的八大对国情作了比较实事求是的分析。但后来由于主客观方面的原因，对社会主义社会主要矛盾和主要任务的认识发生了偏差，"文革"时期还提出所谓"在无产阶级专政下继续革命"的主张，给我国社会主义事业带来

了严重损害。党的十一届三中全会以后,邓小平领导全党拨乱反正,对国情问题进行了深刻的再认识。指出,长期以来我们对国情的认识存在很大误区,主要是对我国经济文化的落后性认识不足,对社会主义的长期性、艰巨性认识不足,在发展生产力上急于求成,过高估计主观意志的作用,追求不切实际的高速度;在生产关系调整上,脱离生产力实际要求,盲目追求"一大二公",搞"穷过渡";在分配上,搞平均主义,吃"大锅饭";在经济运作方式上,一味实行高度集中的指令性计划经济,这些违背国情、违背规律的做法必然遭受惩罚。社会主义初级阶段理论,就是他长期探索国情问题的重要理论成果。

第二,"十三大要阐述中国社会主义处在一个什么阶段","这个设计好"。马克思、恩格斯预见了未来社会是一个从低级向高级的发展过程,并提出了共产主义两个发展阶段学说。十月革命后,列宁总结了苏维埃俄国社会主义建设实践,认为小农占优势的国家向社会主义过渡要经历一些特殊阶段,预见了社会主义发展的长期性,并使用过"发达的社会主义"概念。后来毛泽东在读苏联《政治经济学教科书(社会主义部分)》时,把社会主义分为"不发达的"和"比较发达的"社会主义。上述探索,应该说都触及到了社会主义的发展阶段问题，应视为"社会主义初级阶段"思想的萌芽，但由于历史条件的局限，没有也不可能正确解决这个问题。党的十二大正式做出了我国社会主义处在初级阶段的论断，十二届六中全会通过《中共中央关于社会主义精神文明建设指导方针的决议》，重申我国处于社会主义初级阶段。1987年，当《关于草拟十三大报告的设想》提出准备以社会主义初级阶段理论作为立论根据时，邓小平表示完全同意，称"这个设计好"。邓小平指出，中国处在社会主义的初级阶段，就是不发达的阶段。一切都要从这个实际出发，根据这个实际来制定规划。对于社会主义初级阶段，党的十三大作了科学的定位，指出社会主义初级阶段不是指任何国家进入社会主义都会经历的起始阶段，而是特指我国生产力落后、商品经济不发达条件下建设社会主义必然要经历的特定阶段。这个阶段既不同于社会主义经济基础尚未奠定的过渡时期，也不同于已经实现社会主义现代化的阶段。党的十五大再一次重申了这一重要思想，进一步阐述了社会主义初级阶段的基本特征。社会主义初级阶段理论，把马克思主义关于社会主义发展阶段的理论大大深化了。

第二，"基本路线要管一百年，动摇不得"。我党历史上，先后多次提出过基本路线或总路线。建国以后，1953年提出从新民主主义到社会主义过渡时期的总路线；1958年八大二次会议提出了社会主义建设总路线；1962年又制定了以阶级斗争为纲的政治路线。后两个路线偏离国情，导致了"大跃进"和"文化大革命"。党的十一届三中全会抛弃了"以阶级斗争为纲"的错误方针，把工作重点转移到经济建设上来。党的十三大，对党在社会主义初级阶段的基本路线作出了明确概括，形成了"一个中心，两个基本点"的基本路线。这一路线集中体现了对社会主义建设客观规律的科学认识和把握。正是在这个意义上，邓小平把它称之为"发展路线"，一再强调基本路线要管一百年，动摇不得，绝不能干扰和冲击它。党的十五大遵循邓小平理论，明确提出了党在社会主义初级阶段的基本纲领，提出了建设有中国特色社会主义的经济、政治和文化的奋斗目标。坚持党在社会主义初级阶段的基本路线和基本纲领，必须排除各种错误干扰，要警惕右，尤其要防止"左"。这是邓小平深刻总结我们党建党以来的经验教训得出的重要结论。

四、总结对"什么是社会主义"的认识，创造性地提出社会主义本质理论

马克思主义说到底是关于科学社会主义的学说。邓小平理

论这一当代中国的马克思主义,其首要的和基本的问题就是科学地回答"什么是社会主义、怎样建设社会主义"。邓小平对马克思主义的丰富和发展,也是围绕这一问题展开的。

第一,"什么是社会主义、怎样建设社会主义","最重要的一条,就是要搞清楚这个问题"。毛泽东对符合中国特点的社会主义建设道路作了许多有益探索,但总体上仍以经典作家对社会主义的原有设想为参照,突出强调公有制、计划经济,甚至提出"以阶级斗争为纲"。科学回答到底"什么是社会主义"这个重大问题,必须根据新的历史条件加以重新审视和回答。对此,邓小平指出,我们现在搞改革,仍然要坚持社会主义道路。过去,我们往往教条式地对待马克思主义,甚至把一些违反社会主义的东西附加在社会主义身上,当作"社会主义原则"加以固守;而把有利于发展社会主义的东西当作"资本主义"加以反对。在这种情况下,要搞清什么是社会主义,必须解放思想,更新观念,打破桎梏,拨乱反正。为此,他一方面积极推动全党解放思想,另一方面,通过总结国际共产主义运动和我国社会主义建设的历史经验,经过长期思考,对"什么是社会主义"的问题提出了新的认识。指出,"一大、二公、三纯"不是社会主义,贫穷不是社会主义,发展太慢不是社会主义,平均主义不是社会主义,两极分化不是社会主义,没有民主就没有社会主义,社会主义生产关系和所有制必须有利于解放和发展生产力,必须能够实现共同富裕。这些重要思想,对深刻认识社会主义的本质有着十分重要的意义。

第二,"社会主义的本质,是解放生产力,发展生产力,消灭剥削,消除两极分化,最终达到共同富裕"。粉碎"四人帮"后,邓小平及时提出"什么是社会主义优越性"的问题,指出,社会主义制度优越性的根本表现,就是能够允许社会生产力以旧社会所没有的速度迅速发展;正确的领导归根到底要表现在社会生产力的发展上,人民物质文化生活的改善上。他明确使用"社会主义本质"概念是在1980年,他说:"社会主义是一个很好的名词,但是如果搞不好,不能正确理解,不能采取正确的政策,那就体现不出社会主义的本质。"[1]以后,他多次阐述了类似思想。在1992年南方谈话中,他又对这个问题作了精辟概括:社会主义的本质,是解放生产力,发展生产力,消灭剥削,消除两极分化,最终达到共同富裕。邓小平关于社会主义本质的思想,深刻揭示了社会主义最根本、最核心、最能体现其优越性的内容,大大发展了

---

[1]《邓小平文选》第2卷,人民出版社1994年版,第313页。

科学社会主义，把人们对社会主义的认识提高到了一个新的水平。

第三，社会主义"不但要有高度的物质文明，而且要有高度的精神文明"。关于社会主义精神文明建设的论述，是邓小平社会主义本质理论的必然延伸。马克思主义认为，任何社会都是经济、政治和思想文化的辩证统一体，只有三者相互协调、相互促进，才能推动社会不断前进。邓小平继承和发展了这一原理，创立了社会主义精神文明建设理论。十一届三中全会开过不到一年，他就在总结历史经验的基础上，提出"建设社会主义精神文明"的命题，指出，我们要在建设高度物质文明的同时，提高全民族的科学文化水平，发展高尚的丰富多彩的文化生活，建设高度的社会主义精神文明。他强调，社会主义国家不但要有高度的物质文明，而且要有高度的精神文明。根据邓小平的思想，党的十二大系统论述了社会主义精神文明问题，十二届六中全会提出了《关于社会主义精神文明建设指导方针的决议》，十四届六中全会又提出《关于加强社会主义精神文明建设若干重要问题的决议》。社会主义精神文明是一个完整的体系，包括精神文明是社会主义重要特征，是社会主义优越性的重要标志；是社会主义现代化建设的重要目标和保证，是社会主义现代化的重要思想保证和强大精神动力，为现代化提供充分的智力支持和人才支持；坚持"两手抓"、"两手都要硬"方针等内容。社会主义精神文明，是科学社会主义中的一个重要概念，体现了社会主义本质的重要原则，是对马克思主义社会发展理论和思想文化理论的重要贡献。

五、突破"计划"与"市场"的传统观念，创造性地提出社会主义市场经济理论

社会主义市场经济理论，是邓小平与时俱进、创新马克思主义最具特色的部分之一。马克思、恩格斯都认为，未来社会没有商品货币关系，因而也没有市场，整个社会将实行有计划的产品经济。列宁首先提出"计划经济"与"市场经济"的概念。邓小平指出，只要还存在着市场经济，只要还保持着货币权力和资本力量，世界上任何法律都无法消灭不平等和剥削。只有建立起大规模的社会化的计划经济，一切土地、工厂、工具都转归为工人阶级所有，才可能消灭一切剥削。这里明确地把"市场"与"计划"视为带有资本主义和社会主义属性的两个对立概念。后来，斯大林强化了"计划经济是社会主义"的原则，并据此建立了高度集权的计划经济体制。继苏联之后，

所有社会主义国家都走上了计划经济道路，长期把市场经济看作洪水猛兽，不敢越雷池半步，经济体制越来越僵化，严重束缚了生产力发展。面对"山重水复疑无路"的困境，邓小平提出："社会主义为什么不可以搞市场经济？"这是一个石破天惊的发问。他以敢于突破"老祖宗"的极大勇气，论述和回答了这个问题，形成了独创性的社会主义市场经济理论。

第一，"只有资本主义有市场经济，这肯定是不正确的"。1979年，邓小平会见美国客人时说："说市场经济只存在于资本主义社会，只有资本主义有市场经济，这肯定是不正确的。社会主义为什么不可以搞市场经济，这个不能说是资本主义。"①这里，他实际上已经提出了"社会主义也可以搞市场经济"的重要论断。1985年，他在会见美国高级企业代表团时又强调：社会主义和市场经济之间不存在根本矛盾。这就破除了把市场经济与社会主义相对立的传统观念，从发展生产力角度把市场经济与社会主义有机地连在一起。党的十三大前夕，他指出："为什么一谈市场就说是资本主义，只有计划才是社会主义呢？计划和市场都是方法嘛。只要对发展生产有好处，就可以利用。它为社会主义服务，就是社会主义的；为

---

① 《邓小平文选》第2卷，人民出版社1994年版，第236页。

资本主义服务，就是资本主义的。"①1992年，他在南方谈话中指出："计划多一点还是市场多一点，不是社会主义与资本主义的本质区别。计划经济不等于社会主义，资本主义也有计划；市场经济不等于资本主义，社会主义也有市场。计划和市场都是经济手段。"②两个"不等于"，对人们长期争论不休的问题一锤定音，确立了社会主义市场经济理论。

第二，"看准了的，就大胆地试，大胆地闯"。邓小平不仅创立了社会主义市场经济理论，而且亲自设计和领导了建立和完善社会主义市场经济体制的实践。确立社会主义市场经济体制的目标模式，是建立社会主义市场经济体制的重要前提。对这个问题，他从党的十一届三中全会起步，到1992年初视察南方谈话，一直在深入思考。1992年6月，江泽民在中央党校作报告时，提出建立社会主义市场经济体制的主张。6月12日，他向邓小平讲了这个想法，邓小平当即表示赞成。并说，实际上，我们是在这样做，深圳就是社会主义市场经济。这就为党的十四大敲定了主题。党的十四大报告明确提出建立社会主义市场经济体制的目标之后，十四届三中全会通过《中共中

---

①《邓小平文选》第3卷，人民出版社1993年版，第203页。
②《邓小平文选》第3卷，人民出版社1993年版，第373页。

央关于建立社会主义市场经济体制若干问题的决定》（以下简称《决定》）。《决定》依据邓小平社会主义市场经济理论，提出了建立社会主义市场经济蓝图的基本框架。在计划经济体制向社会主义市场经济体制转换的过程中，邓小平一再勉励全党，改革开放是一项崭新的事业，是一个大试验，发展市场经济胆子要大，步子要稳，敢于试，敢于闯。正是在他的鼓励和支持下，我们党把勇于开拓的创新精神与实事求是的科学态度统一于改革实践，从而在改革的实质内容和前进步伐上实现了历史性突破，为改革开放和现代化建设的发展奠定了坚实的体制基础。

第三，"让一部分人、一部分地区先富起来"。邓小平在创立社会主义市场经济理论时，对社会主义分配制度和分配方式提出了一系列重要思想。其中一条就是允许一部分地区、一部分企业、一部分工人农民，由于辛勤努力，成绩大而收入先多一些，生活先好起来。按劳分配不是平均分配，不能搞平均主义。因此，"让一部分人、一部分地区先富起来"的政策，是贯彻和实施按劳分配方式的一个新思路、大思路。把按劳分配同按生产要素分配结合起来，这是发展社会主义市场经济的客观需要，是对社会主义分配理论的一个重要突破。只有允许一部分人、一部分地区先富起来,才能最终实现共同富裕。邓小平指出,一部分人生活先富起来,就必然产生示范效应,推动整个国民经济波浪式地前进,使全国人民都能比较快地富裕起来。1992年,他在视察南方时再次指出:"走社会主义道路,就是要逐步实现共同富裕。共同富裕的构想是这样提出的:一部分地区有条件先发展起来,一部分地区发展慢点,先发展起来的地区带动后发展的地区,最终达到共同富裕。"① "让一部分人、一部分地区先富起来,逐步实现共同富裕",这个"大政策"就是实现党的十四大提出的"兼顾效率和公平"、十四届三中全会提出"效率优先,兼顾公平"原则的有效途径,是贯彻社会主义分配制度,推进社会主义市场经济的重要动力。

六、发展马克思主义国家学说,创造性地提出"一国两制"理论

"一国两制"理论,是邓小平创造性地运用马克思主义国家学说、实现祖国和平统一的伟大发明,是他创新马克思主义的一面鲜艳旗帜。

---

① 《邓小平文选》第3卷,人民出版社1993年版,第373—374页。

第一,"再没有比'一国两制'的办法更合理的了"。十一届三中全会以后,随着全党工作重点的转移,实现祖国统一大业的任务更加迫切地摆在了全党面前。1979年,邓小平访问美国时就说,我们不再使用"解放台湾"这个提法了。只要台湾回归祖国,我们将尊重那里的现实和现行制度。1982年,邓小平谈及此事时指出:这实际就是"一个国家,两种制度",在国家统一的大前提下,大陆实行社会主义制度,台湾实行资本主义制度。后来,他进一步指出:"我们不赞成台湾'完全自治'的提法。自治不能没有限度,既有限度就不能'完全'。'完全自治'就是'两个中国',而不是一个中国。""祖国统一后,台湾特别行政区可以有自己的独立性,可以实行同大陆不同的制度。司法独立,终审权不需到北京。台湾还可以有自己的军队,只是不能构成对大陆的威胁。大陆不派人驻台,不仅军队不去,行政人员也不去。台湾的党、政、军系统,都由台湾自己来管。中央政府还要给台湾留出名额。"[①] "一国两制"构想是实事求是的产物,顺应了历史发展、时代前进的潮流,体现了中华民族渴望团圆、统一的宿愿,符合大陆和港、澳、台同胞的共同心愿,也有利于地区及

---

① 《邓小平文选》第3卷,人民出版社1993年版,第30页。

世界稳定和繁荣。

第二,"和平共处的原则用之于解决一个国家内部的某些问题,恐怕也是一个好办法"。"一国两制"构想,是对马克思主义国家学说的一个重大突破。马克思、恩格斯认为,国家是"阶级对立"和"阶级冲突"的产物。列宁认为,国家是经济上占统治地位的阶级的政治组织,其目的是保护现有的经济制度和镇压其他阶级的反抗。毛泽东认为社会主义国家的本质,是"对人民的民主和对敌人的专政"。

"一国两制"突破了上述理论的范围,开辟了马克思主义国家学说的新视野、新领域。按照这一模式,在一个统一国家里,允许不同社会制度同时存在,长期共存,这就突破了在一个国家内部只能有一种代表统治阶级社会制度的政权组织形式,另外一种不同性质的社会制度及其政权组织不可同时存在的传统观念;按照这种模式,作为我国政权主体的社会主义上层建筑,主要为社会主义经济基础服务,同时也保护一定地区范围内的资本主义经济制度和上层建筑,这就突破了无产阶级专政的国家机器只为社会主义经济基础服务的传统观念;按照这一模式,我国依据宪法和有关法律调节大陆主体与台、港、澳的关系,国家不仅是大陆地区人民根本利益的代表,也是台、港、澳地区人民根本利益的代表，是中华民族根本利益的代表，这就突破了过去社会主义国家政权只代表无产阶级和劳动人民的利益的传统观念；按照这一模式，在社会主义为主体的大陆依然是无产阶级的政党、军队和政府机构，而在一国内的部分地区则可保留资本主义的党、政、军系统，这就突破了过去在无产阶级专政的社会主义国家必须彻底打碎旧的国家机器，绝不允许资本主义上层建筑存在的传统观念。

这一伟大构想，表现了邓小平结合当代中国实际创新马克思主义的巨大理论勇气和政治智慧，表现了他根据新情况、新问题，提出新办法、新路子的胆略、气魄、工作思路和斗争艺术。

第三，"实现国家统一是民族的愿望，一百年不统一，一千年也要统一"。"一国两制"，核心是"一国"，就是祖国统一。在这个问题上，邓小平表现了坚定的原则性。1982年，他会见英国首相撒切尔夫人时，斩钉截铁地指出，主权问题不是一个可以讨论的问题。1984年，他会见香港客人时说，实现国家统一是民族的愿望，一百年不统一，一千年也要统一。1987年，他在接受美国记者采访时谈到，凡是中华民族子孙都希望中国统一，分裂状况违背民族意志。同年，他在会见香港基本法起草委员会委员时强调，统一是中国人民的一百几十年的愿望，从鸦片战争以来，中国的统一是包括台湾人民在内的中华民族的共同愿望，不是哪个党哪个派，而是整个民族的愿望。这些论述揭示了"一国两制"构想的本质所在，揭示了祖国统一在"一国两制"构架中的核心地位。邓小平明确向世人宣告，"一国两制"的方针要坚持长期不变。他说，讲信义是我们民族的传统，作为一个大国有自己的尊严，有自己遵循的准则。我们在协议中说五十年不变，就是五十年不变。我们这一代不会变，下一代也不会变。"一国两制"，为解决国际争端和世界上的历史遗留问题，提供了新的、非常有价值的思路，是对马克思主义、特别是马克思主义国家学说的重要发展，随着时间的推移，"一国两制"理论将会更加显示出其真理的光彩。

总而言之，邓小平理论对马克思主义的创造性继承和发展，实现了科学社会主义从以革命为中心到以建设为中心的历史性飞跃，堪称马克思主义发展史上最闪光的篇章之一。党的十五大把邓小平理论同马克思列宁主义、毛泽东思想一起，作为党的指导思想写进党章，深刻反映了邓小平理论与马克思主义全部理论贯通的鲜活"脉动"，那就是不断突破陈规，超越前人，与时俱进。坚持与时俱进，勇于开拓创新，是邓小平成为"一代伟人"、成为历史"里程碑"的真谛所在。正如江泽民所说："我们已经走出了一条光明大道，但前面的道路并不是平坦的，还会有各种困难和风险，包括可以预料的和难以预料的，来自国内的和来自国外的，经济生活中的和社会政治生活中的。无论什么困难和风险，都不能动摇我们对邓小平理论的坚定信念，而只会使我们更加自觉地运用这个理论克服困难，战胜风险，胜利前进。坚持邓小平理论，在实践中继续丰富和创造性地发展这个理论，这是中央领导集体和全党同志的庄严历史责任。"①

第三节 "三个代表"重要思想：
对毛泽东思想和邓小平理论的继承和发展

党的十一届四中全会以后，以江泽民为代表的党的第三代领导集体高举邓小平理论的伟大旗帜，坚持解放思想、实事求是的思想路线，坚定地站在时代潮流的前头，以与时俱进的

---

① 《江泽民论有中国特色社会主义》（专题选编），中央文献出版社2002年版，第22页。

精神推进理论创新，创立和形成了"三个代表"重要思想。胡锦涛指出："'三个代表'重要思想坚持与时俱进的理论品质，体现马克思主义理论创新的巨大勇气，为我们坚持马克思主义基本原理，不断在实践中推进理论创新打开了新的理论视野。"[①]"三个代表"重要思想创造性地继承和发展了毛泽东思想和邓小平理论，把我们党对共产党执政规律、社会主义建设规律和人类社会发展规律的认识提升到了一个新的水平；为我们在新世纪新阶段更加自觉地弘扬与时俱进的科学精神，提供了重要的理论武器。

一、"三个代表"重要思想充分体现了马克思主义与时俱进理论

"三个代表"重要思想是我们党立足新的历史条件，创造性地运用马克思主义的基本立场、观点和方法，正确认识和把握当代世界和中国发展变化的必然结果，它既与时俱进地坚持了马克思主义，又与时俱进地发展了马克思主义，从而使与时俱进这一马克思主义的理论品质得到了进一步弘扬。

[①]《江泽民论有中国特色社会主义》（专题摘编），中央文献出版社2002年版，第22页。

第一，"三个代表"重要思想是在我们党与时俱进地科学判断自己所处历史方位的基础上提出来的。我们党经过九十多年的发展，所处的地位和环境、党所肩负的历史任务、党的自身状况，都发生了新的重大的变化。中国共产党历经革命、建设和改革，已经从受到外部封锁和实行计划经济条件下领导国家建设的党，成为对外开放和发展社会主义市场经济条件下领导国家建设的党；已经从领导人民为夺取全国政权而奋斗的党，成为领导人民掌握全国政权并长期执政的党。

首先，"三个代表"重要思想是在对当今国际局势科学判断的基础上形成的。"冷战"结束后，国际局势发生深刻变化。当今国际局势的深刻变化，是"三个代表"重要思想形成的时代背景。科技进步日新月异，以信息技术为核心的高新技术的发展，极大地改变了人们的生产、生活方式和国际经济、政治关系，以经济为基础、科技为先导的综合国力竞争更为激烈。世界多极化和经济全球化趋势在曲折中发展，和平与发展仍是时代的主题。但霸权主义和强权政治有新的表现，恐怖主义危害上升，一些地区的冲突和争端时起时伏，世界还很不安宁。

其次，"三个代表"重要思想是在对当代中国发展变化科学认识的基础上形成的。十一届三中全会以来，我国改革开放取得了伟大成就。特别是十三届四中全会以后，国际局势风云变幻，我国改革开放和现代化建设的进程波澜壮阔。我们党从容应对一系列关系我国主权和安全的国际突发事件，战胜在政治、经济领域和自然界出现的困难和风险，经受住一次又一次考验，排除各种干扰，保证了改革开放和现代化建设的航船始终沿着正确的方向破浪前进。我们已经胜利实现了现代化建设"三步走"战略前两步的目标，进入了全面建设小康社会、加快推进社会主义现代化新的发展阶段。我国生产力水平大幅度跃升，综合国力显著增强，国际地位进一步提高，政治稳定，民族团结，社会进步，人民生活总体上达到小康水平，社会主义中国充满活力。随着改革开放和社会主义市场经济的发展，社会经济成分、组织形式、就业方式、利益关系和分配方式日益多样化。加入世贸组织，给我国经济社会带来深刻影响。推进现代化建设、完成祖国统一、维护世界和平与促进共同发展，是我们党在新世纪的三大历史任务。改革开放以来特别是十一届四中全会以来党领导人民建设中国特色社会主义的伟大实践，是"三个代表"重要思想形成的实践基础。

再次，"三个代表"重要思想是在对党的现状科学分析的基础上形成的。党的建设面临的新形势新任务，是"三个代表"重要思想形成的现实依据。随着党和国家事业的发展，党的队伍发生重大变化。党的阶级基础在增强，群众基础在扩大。新党员的数量大幅度增加，干部队伍新老交替不断进行，一大批年轻干部走上领导岗位，这给党的发展注入新的活力，也提出了新的挑战。进一步提高党的领导水平和执政水平，提高拒腐防变和抵御风险的能力，是我们党必须解决好的两大历史性课题。这就要求我们坚持从新的实际出发，以改革的精神加强和改进党的建设，使党在世界形势深刻变化的历史进程中始终走在时代前列，在建设中国特色社会主义的历史进程中始终成为坚强的领导核心，在应对国内外各种风险考验的历史进程中始终成为全国人民的主心骨。

第二，"三个代表"重要思想以与时俱进的科学态度继承了马克思主义最为本质的东西。从理论继承关系上讲，"三个代表"重要思想是对马克思列宁主义、毛泽东思想、邓小平理论的继承和发展，它同"老祖宗"是一脉相承的科学体系。这种一脉相承，是建立在与时俱进基础之上的，因而是富有创造性的。

"三个代表"重要思想运用马克思主义的世界观和方法

论即辩证唯物主义和历史唯物主义，分析当今世界和中国的实际，对马克思主义执政党治党治国治军的方略作出了新的概括。始终代表中国先进生产力的发展要求，是对马克思主义关于生产力与生产关系、经济基础与上层建筑的辩证关系这一基本原理的运用和阐发；始终代表中国先进文化的前进方向，是对马克思主义关于物质生活与精神生活、社会存在与社会意识的辩证关系这一基本原理的运用和阐发；始终代表中国最广大人民的根本利益，是对马克思主义关于人民群众是推动历史前进的动力这一基本原理的运用和阐发。这样阐发既是继承，又是发展，它更为鲜明、更为集中地反映了时代发展变化对党和国家工作的新要求，同时也体现了在世界观和方法论上与马克思主义一脉相承的关系。

"三个代表"重要思想坚持人类社会必然走向共产主义这一马克思主义基本原理，创造性地提出要着眼时代要求，把党的最高纲领和最低纲领更好地统一起来，强调要在共产主义远大理想和坚定信念指引下，立足于我国将长期处在社会主义初级阶段这个实际，脚踏实地地为实现党在现阶段的基本纲领而不懈努力，经过相当长历史时期的奋斗，使先进生产力高度发达，先进文化高度繁荣，人的素质全面提高，从而最终实现共产主义。"三个代表"重要思想是坚持远大理想的典范。

"三个代表"重要思想坚持人民是推动历史前进的真正动力的观点，进一步阐明了谋求绝大多数人利益是马克思主义最鲜明的政治立场，强调建设中国特色社会主义的根本目的是不断实现好、维护好、发展好最广大人民群众的根本利益，党的一切工作和方针政策必须以符合最广大人民的根本利益为最高衡量标准。"三个代表"重要思想把立党为公、执政为民作为本质要求，强调共产党人必须坚持尊重社会发展规律和尊重人民历史主体地位的一致性，坚持为崇高理想奋斗和为最广大人民谋利益的一致性，坚持完成党的各项工作和实现人民利益的一致性。这就从时代高度把马克思主义根本政治立场更加鲜明地突出出来。

"三个代表"重要思想继承了科学社会主义价值观，强调建设中国特色社会主义既要着眼于人民现实的物质文化生活需要，同时又要着眼于人的全面发展。推动社会主义向共产主义演进，最终是为了实现人的彻底解放和全面发展。这是马克思主义揭示社会历史发展的一般规律而得出的科学结论，也是科学社会主义的根本价值取向。"三个代表"重要思想既包含了这一价值观，又为如何实现这一价值观指明了前进方向。因为"三个代表"与促进人的全面发展是完全一致的。在社会主义条件下大力发展生产力，发展社会主义先进文化，不断提高人民群众的物质文化生活水平，体现了人的全面发展的内在要求，也为促进人的全面发展创造了条件。

第三，"三个代表"重要思想坚持与时俱进地赋予马克思主义以新的活力。作为我们党进行理论创新的成果，"三个代表"重要思想着眼于新时期我国改革开放和现代化建设的实践，着眼于当代世界的深刻变化，在不丢"老祖宗"的前提下，以与时俱进的创新精神开拓马克思主义发展的新境界，为不断推进中国特色社会主义"新的理论视野"。其中最具有根本意义的，就是赋予马克思主义历史观和实践观以新的内涵和活力。

二、"三个代表"重要思想以与时俱进的精神创新了马克思主义执政党建设理论

在马克思主义建党学说发展史上，"三个代表"重要思想以我们党履行执政使命、巩固执政地位、铸造执政辉煌为着眼点，把总结历史、着眼现实、前瞻未来统一起来，创造性地回答了建设什么样的党、怎样建设党的问题，从而把马克思主义

执政党建设理论推进到了一个崭新的阶段。

第一,"三个代表"重要思想科学地回答了党在执政条件下的历史使命和作用问题。党的十一届三中全会以后,我们党把工作重点转移到以经济建设为中心的社会主义现代化建设上来,集中力量大力发展社会生产力,这是党在认识和把握其历史使命上的一次伟大的飞跃。随着建设中国特色社会主义实践的发展,我们党对其历史使命的认识也在不断地深化。"三个代表"重要思想立足于时代的高度,把党的历史使命进一步放在综合国力竞争日趋激烈的国际大背景下来把握,放在党的基本路线和基本纲领的大框架里来把握,放在富强、民主、文明三位一体的现代化建设总目标下来把握,强调党既要"始终代表中国先进生产力的发展要求",大力推进社会主义物质文明建设;也要"始终代表中国先进文化的前进方向",不断推进社会主义精神文明建设;还要"始终代表中国最广大人民的根本利益",保障不同利益主体合理共享经济社会发展成果。这是迄今为止对马克思主义执政党历史使命的最为科学的概括,它从根本上规定了党在执政条件下所应尽到的政治责任和所应起到的历史作用。特别是"三个代表"重要思想强调党要始终成为中国工人阶级的先锋队,同时成为中国人民和中华民族的先锋队，这为我们党更好地肩负起马克思主义执政党的历史使命，最大限度地发挥自己的历史作用，提供了理论上和政治上的依据。

党作为中国工人阶级的先锋队，是为完成工人阶级的历史使命而存在的。而工人阶级只有解放全人类，才能最后解放自己。在一个国家里，工人阶级的根本利益是同全体人民和整个民族的根本利益相一致的，工人阶级的历史命运也是同全体人民和整个民族的历史命运紧密联系在一起的。共产党为完成工人阶级的历史使命而奋斗，不仅意味着要为工人阶级谋利造福，同时也意味着要为全体人民和整个民族谋利造福；党依照工人阶级历史使命所进行的社会主义事业，不仅是工人阶级的事业，同时也是全体人民和整个民族的事业。正因为如此，我们党在始终成为中国工人阶级先锋队的同时，必须自觉成为中国人民和中华民族的先锋队。在我们党长期执政的情况下，牢固确立"两个先锋队"的自觉意识，这对于履行好执政兴国、执政为民的历史使命，具有非常重要的政治意义。

第二，"三个代表"重要思想科学地回答了党在执政条件下永葆先进性的问题。如何保持党的先进性，始终是关系党的事业兴衰成败的核心问题。"三个代表"重要思想紧密结合党履行执政使命的客观实际和要求，赋予党的先进性以新的时代内涵，强调党的先进性是具体的、历史的，必须放到推动当代中国先进生产力和先进文化的发展中去考察，放到维护和实现最广大人民根本利益的奋斗中去考察，归根到底要看党在推动历史前进中的作用；强调党要承担起推动中国社会进步的历史责任，必须始终紧紧抓住发展这个执政兴国的第一要务，把坚持党的先进性和发挥社会主义制度的优越性，落实到发展先进生产力、发展先进文化、实现最广大人民的根本利益上来，推动社会全面进步，促进人的全面发展。

按照"三个代表"重要思想，党在执政条件下尤其要注重保持四个方面的先进性：一是要在遵循历史发展规律上保持先进性。密切关注并自觉代表这些因素的发展走向，是遵循历史发展规律的客观要求，也是我们党在长期执政条件下坚持先进性的根本标志和体现。二是要在引领时代潮流上保持先进性。党的先进性作为一个历史的范畴，本身就是与时俱进的。由此出发，党必须坚定地站在时代潮流的前头，确保旨在执政兴国的路线、方针和政策充分反映时代发展的要求。三是要在推动社会全面进步上保持先进性。党在履行执政使命的过程中，必须贯彻"两手抓、两手都要硬"的方针，牵引和促进"三大文明"协调一致地向前发展。四是要在践行崇高价值理想上保持先进性。必须坚持立党为公、执政为民，始终把全心全意为人民谋利造福作为根本价值取向，通过大力发展先进生产力和先进文化，为满足人民群众日益增长的物质文化需要提供可靠前提，并保障不同利益主体合理共享经济社会发展成果。

对于马克思主义执政党来说，要真正保持先进性，就必须依据"三个代表"重要思想，坚持用时代发展的要求审视自己，以改革的精神加强和完善自己，既善于总结成功的经验，又善于记取失误的教训；既善于通过提出和贯彻正确的理论路线带领群众前进，又善于从群众的实践创造和发展要求中获得前进动力；既善于认识和改造客观世界，又善于组织引导干部和党员在实践中加强主观世界的改造。

第三，"三个代表"重要思想科学地回答了党在执政条件下增强阶级基础、扩大群众基础的问题。众所周知，"三个代表"重要思想从巩固我们党的执政地位着眼，强调党必须根据经济发展和社会进步的实际，不断增强阶级基础和扩大群众基础。这是对马克思主义执政党建设理论的一个新的发展，具有十分深远的战略意义。

对我们党来说，工人阶级始终是自己直接依靠的阶级基础。我们党从成立之日起，就把自己定为中国工人阶级的政党，始终坚持工人阶级先锋队的性质，为保证自身的先进性奠定了坚实的阶级基础。在新的历史条件下，我国工人阶级队伍正经历着时代性的重大变化：一是职工人数急剧增长，构成成分日趋多样化；二是整体文化水平有所提高，知识技术构成不断优化；三是就业方式、劳动关系走向市场化、契约化；四是与社会主义市场经济相适应的思想观念在工人中逐步确立，同时也出现了价值观念多样化的趋向；五是工人阶级内部不同群体收入差距拉大。

　　这些新变化带动了双重效应：一方面，工人阶级作为先进生产力的代表，在推动生产力发展的同时也推动着自身的进步，即它作为先进生产力代表的历史地位，正越来越提升；它作为先进生产力代表的积极作用，正越来越突出；它作为先进生产力代表所具有的先进品格，正越来越彰显。就此而言，我们党的阶级基础正得到历史性的增强。另一方面，工人阶级队伍的变化，也给这个阶级整体优势的发挥带来了新的课题。这就迫切要求我们党以更加积极的姿态去努力做好增强工人阶级作为领导阶级的优势，包括引导帮助工人群众与时俱进地提高思想道德素质和科学文化素质，维护和促进整个工人队伍的团结，树立和增强社会主义主人翁的使命感和责任感。

与社会变革不断深入相联系，我们党扩大自身群众基础的任务也显得日趋突出和重要。改革开放以来，我们社会阶层构成发生了新的变化，出现了民营科技企业的创业人员和技术人员、受聘于外资企业的管理技术人员、个体户、私营企业主、中介组织的从业人员、自由职业人员等社会阶层。而且，许多人在不同所有制、不同行业、不同地域之间流动频繁，人们的职业、身份经常变动。这种变化还会继续下去。在党的路线方针政策指引下，这些新的社会阶层中的广大人员，通过诚实劳动和合法经营，为发展社会主义市场经济和促进国家的繁荣进步作出了重要贡献，他们同样是中国特色社会主义事业的建设者。可以说，把新的社会阶层广大人员的身份和作用界定为"中国特色社会主义事业的建设者"，并加以团结、扶持和保护，这既符合党在现阶段的基本路线和基本纲领，也是党不断扩大党的群众基础，巩固执政地位的客观要求。

第四，"三个代表"重要思想科学地回答了党在执政条件下实施正确有效领导的问题。马克思主义政党成为执政党以后，如何正确实施对国家政权和社会事务的领导，是一个事关全局的重大问题。"三个代表"重要思想的一个重要着眼点，就是要真正按照党作为"代表"的角色要求，改进自己的领导方式和执政方式，以提高治国理政的科学性和有效性。党强调要把依法治国作为领导人民治理国家的基本方略，强调要按照总揽全局、协调各方的原则完善党的领导体制，这都可以说是"三个代表"重要思想在党的领导方式和执政方式上的必然要求和体现。改进党的领导方式和执政方式，关键要处理好三个关系：

一要处理好党的领导与"依法治国"的关系。实行"依法治国"，是对改进党的领导方式和执政方式的一个根本要求。在实行"依法治国"的条件下，党仍然需要制定路线方针政策，但必须依照法律使路线方针政策上升为国家意志；党仍然需要对国家的重要人事作出安排，但必须经过法定程序使这种人事安排合法化；党仍然需要对国家全局工作提出意见和主张，但必须使自己的意见和主张完全符合于宪法和法律的规定；党在内部仍然需要组织进行各种重大政治活动，但必须使这类活动限定在宪法和法律所允许的范围之内。

二要处理好党和国家机关及人民团体的关系。党必须加强和改进对人大、政府、政协、人民团体的领导，既保证党的核心领导作用，又充分发挥人大、政府、政协、人民团体的职能。人大、政府、政协、人民团体中的党组织以及担任领导职务的党员干部，在依法进行职责范围的工作中，必须坚持贯彻党的路线方针政策和党委的决定。

三要处理好党的领导与多党合作制的关系。要在坚持党的领导这一多党合作的政治基础之上，努力贯彻民主集中制原则，继续坚持和完善我国多党合作的主要方式，保证各民主党派参与国家事务的管理，参与国家大政方针和国家领导人选的协商，参与国家法律、法规和改革发展大政方针的制定与执行。需要郑重指出的是，"三个代表"重要思想还从加强社会主义政治文明建设的意义上，把坚持党的领导、人民当家做主和"依法治国"的辩证统一，作为我们党必须确立的执政机制。真正落实了这一要求，我们党领导人民治理国家的科学化水平就会大大提升一步。

三、"三个代表"重要思想以与时俱进的精神发展了中国特色社会主义理论

建设中国特色社会主义，是当代中国共产党人全部理论和实践的主题。"三个代表"重要思想围绕这一主题，在继承和发展邓小平理论的基础上，坚持与时俱进地进行新的理论探索，从而在建设中国特色社会主义的思想路线、发展道路、发

展阶段和发展战略、根本任务、发展动力、依靠力量、国际战略、领导力量和根本目的等重大问题上取得了丰硕成果,用一系列紧密联系、相互贯通的新思想、新观点和新论断,进一步回答了"什么是社会主义、怎样建设社会主义"的问题,把中国特色社会主义建设理论发展到了新的水平和境界。

第一,"三个代表"重要思想坚持马克思的世界历史理论,丰富和发展了社会主义对外开放论。19世纪40年代中期,马克思提出了著名的世界历史理论。无论是19世纪50年代,还是在晚年,马克思始终以其世界历史理论为基础,站在世界历史的高度分析、探讨人类社会的前途命运,展示东方社会走向世界历史的发展图景。因此,世界历史理论在马克思的社会发展理论中占有重要的地位,是马克思留给我们的宝贵思想遗产。在继承和发展马克思世界历史理论的基础上,"三个代表"重要思想创造性地丰富和发展了党的对外开放理论。

党的十一届三中全会以后,邓小平以面向世界的胆识和勇气,为社会主义中国确立了对外开放的方针。在新的历史条件下,"三个代表"重要思想以宽广的世界眼光,把中国先进生产力、中国先进文化和中国最广大人民的物质文化生活需求,放在"地球村"坐标上进行考察和分析,对全方位吸收和利用当代人类社会包括资本主义国家所创造的先进文明成果提出了更高的要求。特别是,"三个代表"重要思想把我们党领导全国人民建设中国特色社会主义,实现中华民族的伟大复兴,同整个世界的文明发展进程紧密联系起来,这就把社会主义对外开放理论提升到了一个崭新的境界,为当代中国更加积极主动地融入世界文明发展进程、吸纳世界文明发展成果、赶超世界文明发展潮流,提供了强大思想武器。展望未来,在以"三个代表"重要思想为灵魂的、不断丰富和发展着的社会主义对外开放理论的指引下,社会主义中国将以更加博大的胸襟和更加豪迈的气概,从更高的历史起点上去吸纳世界文明,增创自身优势,在不断加快中华民族复兴步伐的同时,为人类社会的文明进步事业作出更大的贡献。

第二,"三个代表"重要思想坚持最低纲领与最高纲领的统一,丰富和发展了社会主义发展阶段论。社会主义是最低纲领与最高纲领相统一的事业。一个半世纪以前,《共产党宣言》发表。《共产党宣言》第一次系统明确地向世界宣告了共产党人的世界观和根本宗旨:消灭私有制,建立起一个"每个人的自由发展是一切人的自由发展的条件"的"联合体"[①],

---

① 《马克思恩格斯选集》第1卷,人民出版社1995年版,第294页。

这就是共产党人的最高纲领——实现共产主义。但是，与此同时，马克思、恩格斯还告诫我们，共产党人为工人阶级的最近的目的和利益而奋斗，但是他们在当前的运动中同时代表运动的未来。在指导国际社会主义运动的实践中，他们进一步认识到，实现共产主义是一个极其漫长的过程。他们早年深刻地揭示了资本主义必然灭亡、社会主义必然胜利（"两个必然"）的历史发展规律。但并没有到此止步，后来又提出了"两个决不会"的思想，即："无论哪一个社会形态，在它所能容纳的全部生产力发挥出来以前，是决不会灭亡的；而新的更高的生产关系，在它的物质存在条件在旧社会的胎胞里成熟以前，是决不会出现的。"①

"两个必然"与"两个决不会"，是科学社会主义理论的重要观点，不仅深刻揭示了历史发展的必然性和曲折性，而且深刻揭示了社会发展的长期性、复杂性和艰巨性。1875年，马克思在《哥达纲领批判》中提出了一个著名论断：在资本主义社会和共产主义社会之间，有一个革命转变时期和政治上的过渡时期，第一次明确地把共产主义划分为两个发展阶段。上述思想，为后人正确看待最低纲领与最高纲领的辩证关系，提供

---

① 《马克思恩格斯选集》第1卷，人民出版社1995年版，第32页。

了基本的理论前提。

十月革命胜利后,在对社会主义发展阶段的探索上,列宁将马克思主义关于未来社会阶段划分的理论运用于俄国社会主义革命和建设的具体实践。他认为社会主义社会有其自身的发展阶段,有一个从不完备到完备的过程,是一个多级发展的过程,特别是在俄国这样一个落后国家,更不可能直接建立马克思所设想的完备的社会主义。

中国共产党十分重视党的纲领建设,重视通过党的纲领凝聚和指引全体党员和广大人民群众为中国革命和建设共同奋斗。1921年7月,新生的中国共产党就把实现共产主义确立为自己的奋斗目标。不久之后,党的二大在对中国社会和中国革命任务、进程正确认识的基础上,明确提出了反帝反封建的民主革命纲领,这就是党的最低纲领。反帝反封建民主革命纲领的制定,是党把最低纲领和最高纲领结合起来的初步成果,指明了现阶段中国革命的任务和方向。

但是,我们党当时毕竟对中国社会的发展状况、性质缺乏完整了解,对民主革命和社会主义革命的联系缺乏正确认识,因而,理论上先是出现了"二次革命论",混淆新民主主义革命的界限,在实践中放弃革命领导权,结果导致国民革命失败。大革命失败，使"左"倾急躁情绪在党内泛滥开来，出现了"一次革命论"，认为无产阶级革命可以一步完成两种革命，从国民革命直达社会主义革命，导致"左"倾路线三度在中央占据统治地位，给革命造成了严重损失。在总结上述历史经验的基础上，以毛泽东为代表的中国共产党人，把马克思主义的普遍原理与中国具体实际相结合，提出了新民主主义革命的基本纲领，实现了民主革命中党的最低纲领与最高纲领的有机结合和辩证统一。

实现两个纲领统一不是一劳永逸的。新中国成立后，特别是社会主义制度建立后，新的形势和任务迫切要求我们党制定适合社会主义建设发展阶段的最低纲领。党的八大前后，全党围绕如何建设社会主义提出了一系列新的方针。八大党章提出党在社会主义建设方面的任务是，有计划、按比例地发展国民经济，最大限度地满足人民的物质和文化生活需要。但在当时，党对"什么是社会主义、怎样建设社会主义"这个重大问题并没有完全搞清楚，因而在把握社会主义发展阶段问题上出现了严重偏差。党的十一届三中全会以后，以邓小平为代表的中国共产党人在党的奋斗纲领问题上进行了全面的拨乱反正，对中国社会主义发展阶段作出了科学的定位。邓小平明确指出,我国还处在社会主义初级阶段,巩固和发展社会主义制度,还需要一个很长的历史阶段,需要我们几代人、十几代人,甚至几十代人坚持不懈地努力奋斗。在此基础上,党的十三大确认我国现在正处于社会主义初级阶段,系统论述了社会主义初级阶段的基本理论,据此制定了党在初级阶段建设有中国特色社会主义的基本路线。党的十五大进一步阐述了党在社会主义初级阶段的基本路线,科学地概括了建设有中国特色社会主义的经济、政治和文化的基本目标和基本政策,第一次系统地提出了党在社会主义初级阶段的基本纲领。

事实表明,在社会主义向共产主义不断演进的历史过程中,需要经历若干个不同的发展阶段。正确认识社会主义社会的不同发展阶段,据此制定一系列切合国情的路线、方针和政策,努力完成好各个发展阶段的现实任务,是把社会主义不断推向前进的基本前提。

2001年7月,江泽民在系统阐述"三个代表"重要思想的"七一"讲话中明确指出,在革命、建设和改革的各个历史阶段中,我们党既有每个阶段的基本纲领即最低纲领,也有确定长远奋斗目标的最高纲领。我们是最低纲领与最高纲领的统一论者。这就是说,共产党人是革命和建设发展的阶段论者,又是革命和建设发展阶段的统一论者；是最大的理想主义者，也是最大的现实主义者。如何正确看待最低纲领与最高纲领的辩证关系，如何在坚持最高纲领的同时，又能制定和实施与自己的历史使命相一致和符合本国国情的最低纲领，这是当代中国共产党人面临的重大理论问题。当代中国共产党人紧密结合中国改革和建设的实践，科学总结历史经验，站在时代的高度，科学地回答了这一问题。坚持最低纲领与最高纲领相统一，是我们党站在时代的高度，对党的前进方向、历史任务和行动纲领的深刻揭示，表明了党对巩固和发展社会主义的客观规律的认识更加深化，对于进一步加强和改进党的建设，全面推进中国特色社会主义伟大事业，具有重大的理论和实践意义。

可以说，坚持最低纲领与最高纲领相统一，这是对中国共产党人九十多年来，在不同历史时期把握"两个纲领"辩证关系的经验教训的科学总结。我们党始终把实现共产主义事业作为最高纲领，并根据革命、建设和改革不同的历史阶段科学地制定党的最低纲领，为探索党的最低纲领与最高纲领的有机统一，留下了弥足珍贵的历史经验。这就是：制定科学的纲领必须以科学的理论为指导，必须从我国的基本国情出发，必须与党的宗旨保持高度的一致性，必须坚持党的正确路线和纲领不动摇，必须坚定社会主义和共产主义信念。

党的最低纲领和最高纲领之间存在着内在的联系。最高纲领为最低纲领的制定和实施指明方向，最低纲领为最高纲领的实现准备条件。这就要求我们，坚持以马克思主义的观点和方法观察和分析现实，以与时俱进的态度丰富和创新党的纲领，以全心全意为人民服务的精神境界带领人民群众实践党的纲领。一句话，就是要脚踏实地地为实现党在现阶段的基本纲领而奋斗。

总之，"三个代表"重要思想坚持最低纲领与最高纲领的统一，深刻揭示了我们党完成崇高历史使命的必然要求，丰富和发展了社会主义发展阶段理论，把党的最高纲领和最低纲领统一于建设中国特色社会主义的伟大实践中。在实践中正确把握和处理最低纲领与最高纲领的辩证关系，既坚定共产主义的远大理想，又发扬脚踏实地的工作作风；既保持昂扬奋进的精神状态，又坚持实事求是的科学态度，把憧憬和期盼共产主义的激情化作实施最低纲领的顽强奋斗，把忠诚于最高纲领的热情转化为落实最低纲领的具体行动。在坚持最高纲领的同时，又制定和实施符合国情和时代特征、与自身历史使命相一致的最低纲领。

第三,"三个代表"重要思想坚持科学社会主义理论的基本原则,丰富和发展了社会主义本质论。人们在长期的社会实践中,对社会主义的认识逐步形成了一些不同的概念。究竟什么是社会主义?什么是社会主义的本质?人们在不同时期有不同的认识。随着社会实践的不断发展,人们对社会主义的认识,必将越来越全面、深刻。

一百多年以前,马克思、恩格斯创立了科学社会主义。从马克思、恩格斯的一系列论述中,可以看出他们一贯是把发展生产力放在首位的,认为生产力是推动社会发展的决定性力量,社会主义、共产主义就是要有高度发达的生产力,没有剥削和重大社会差别,能够满足所有社会成员的物质文化需要。马克思、恩格斯的这种基本观点,对我们认识社会主义的本质,具有重要的指导作用。

19世纪末20世纪初,世界进入帝国主义与无产阶级的革命时代。在俄国,列宁面对新的形势,坚持把科学社会主义的基本原理同新时代的特点和俄国革命的具体情况相结合,领导俄国人民取得了十月革命的胜利。社会主义从科学理论到社会制度的建立,使人们对社会主义的认识产生了又一次飞跃。二战以后,欧洲和亚洲许多国家,在无产阶级政党领导下,经过不同形式的武装斗争，建立了人民民主政权，使社会主义制度从一国发展到多国，并初步显示了其先进性和优越性。

在中国，以毛泽东为代表的中国共产党，把马列主义的普遍真理同中国革命实际相结合，夺取了新民主主义革命的伟大胜利，并很快完成了向社会主义的过渡，在中国建立了社会主义制度，开始了社会主义建设。尤其是党的十一届三中全会以后，我们党总结建国以来的经验教训，提出了建设中国特色社会主义的理论，这是对科学社会主义理论的重大发展。邓小平在新的历史时期，坚持和发展科学社会主义的基本观点，总结社会主义的历史经验和教训，对社会主义本质问题进行了深入思考。他在1992年的南方谈话中，总结多年社会主义建设的成功经验，明确提出社会主义的本质是解放生产力，发展生产力，消灭剥削，消除两极分化，最终达到共同富裕。这是对社会主义本质的最深刻的概括，是对科学社会主义理论的重大新贡献。这一社会主义本质论，把人们对社会主义的认知向前推进了一大步，在科学社会主义发展史上具有里程碑的意义。

在新的历史条件下，江泽民继承历史，立足现实，前瞻未来，提出了"三个代表"重要思想，并要求全党继续抓住社会主义本质这个根本问题，大胆探索、实践和创造。从一定意义上讲，"三个代表"重要思想就是对社会主义本质继续进行探索的结晶。

"三个代表"既集中体现了党的根本性质，又集中体现了社会主义的本质，是一个紧密联系的有机整体，生产力是社会发展进步的决定力量，文化对经济和政治的发展起巨大作用，人民群众推动着历史的发展。在当代中国，三者有机统一于党领导人民建设中国特色社会主义的伟大实践中。首先，发展先进的生产力是社会主义的首要的根本任务。其次，建设先进文化是社会主义的必然要求。先进文化是由先进的社会生产力决定的，是人类文明进步的结晶，是推动人类社会进步的精神动力、智力支持和思想保证。社会主义作为先进社会生产力的代表，同时也必然代表先进文化。再次，为人民群众根本利益而奋斗，是社会主义的根本目的。因此，社会主义社会反映了广大人民群众的根本利益，代表了广大人民群众的根本要求，能够调动广大人民群众的积极性，所以必将取代资本主义社会和一切剥削制度的社会，成为广大人民群众所向往的社会。

总之，要实现社会主义现代化，就必须以科学的理论为指导。"三个代表"重要思想是我们当前科学理论的集中表现。因此，我们在建设中国特色社会主义的实践中，应当自觉把

"三个代表"重要思想与我国社会主义现代化建设的实际结合起来,自觉将"三个代表"重要思想运用到坚持社会主义,进行社会主义改革,探索符合中国实际的社会主义发展道路的伟大实践当中去。

第四节 科学发展观:马克思主义中国化理论创新的最新成果

党的十六届三中全会提出了科学发展观,即坚持"以人为本,树立全面、协调、可持续的发展观,促进经济社会和人的全面发展"。这是中国共产党中央领导集体立足于我国改革开放以来的发展成就,在坚持马克思主义发展观,科学总结国内外发展经验教训的基础上,围绕新的形势和任务,探索发展规律,丰富发展内涵,创新发展理论,拓展发展思路,破解发展难题提出来的新的发展理念和指导思想。科学发展观是对经济社会发展一般规律认识的深化,是指导发展的世界观方法论的集中体现,是推进社会主义经济建设、政治建设、文化建设、社会建设全面发展的指导方针。

科学发展观深刻地揭示了经济社会发展的客观规律,进一步深化了马克思主义的辩证唯物主义和历史唯物主义的发展观。科学发展观同毛泽东、邓小平和江泽民关于发展的重要思想一脉相承，反映了我们党对发展问题的新认识。全面准确地理解和把握科学发展观的马克思主义理论基础，对于统一思想，提高认识，自觉地运用科学发展观指导全面建设小康社会的伟大实践，具有十分重要的意义。

一、科学发展观是贯穿着唯物辩证法的发展观

唯物辩证法作为马克思主义哲学的重要组成部分，作为关于宇宙万物运动、变化、发展一般规律的世界观和方法论，本身就是科学的运动、变化和发展观。所谓发展观，就是人们关于事物发展问题的总的看法。把发展观延伸、运用于社会历史领域，就形成人们关于人类社会发展的基本观点和总体看法。马克思主义经典作家在总结历史上的发展观、创立唯物辩证的发展观时，突出强调的一个基本的思想，就是发展是事物"自己"的运动，是"对立面的统一"，并系统阐明了自然界和人类社会发展的基本规律，论述了人类社会发展的道路和形式。科学发展观作为马克思主义发展观在当代社会的创造性运用与发展，不仅蕴含着发展是事物"自己"运动的思想，而且还特

别强调以人为本、人与自然的协调发展。这是人类在发展道路上付出沉痛代价之后痛定思痛的产物,也是当代"全球化"、"信息化"发展与人类智慧的结晶。

(一)科学发展观要求全面地而不是片面地看待发展问题

事物的普遍联系性要求发展的全面性。不讲全面的发展,不仅不能真正解决经济社会中已经存在的问题,而且还会带来一系列新的问题。因此,科学发展观要求我们自觉地把"全面"与"发展"有机结合起来,这才是科学的态度,是正确的选择。

要克服片面发展,实现全面发展,必须坚持以经济建设为中心,逐步实现工业、农业、国防和科学技术现代化,推动物质文明、政治文明和精神文明协调发展,不断提高生产力水平和人民群众的物质文化生活水平,不断增强综合国力,把我国建设成富强、民主、文明的社会主义国家。要实现全面发展,还要正确处理全局发展与局部发展的关系。科学发展观讲的全面发展,与单一产业、单一经济类型、单一经济领域、单一经济地域的发展虽有联系,却又有着完全不同的本质区别。全局发展是由局部发展组成的。因此,既要在分析综合局部发展的基础上谋划全局的全面发展,又要把局部发展纳入全局发展的总体规划之中，精心策划，科学论证，使之符合全面发展的要求，加大宏观调控的力度。

（二）科学发展观要求联系地而不是孤立地看待发展问题

事物是普遍联系的，每一事物的发展都是与其他事物的发展相联系、相依存的。联系构成系统，任何事物的发展都是一个系统的发展过程，事物的发展本身就是一个系统演化过程。因此，在发展过程中要全面地兼顾到系统构成的各个要素，事物辩证地发展应当是系统的、保持内在各要素均衡的、协调的发展。也就是说，任何健康的发展，都应当是协调的发展，而不能是畸形的、不均衡的发展，所以，科学发展观又是协调的发展观。

科学发展观要求我们立足于国家发展全局，理顺发展中各方面的关系，既要把全国发展作为一个大系统，实行全国一盘棋，又要统筹兼顾，把地方、部门和行业的发展作为全国发展大系统中的子系统，坚持抓好"五个统筹"。也就是说，要统筹区域发展，充分发挥发达地区的带动作用，加速后进地区的发展，缩小区域发展差距，防止区域发展严重失衡；要统筹经济社会发展，促进物质文明、政治文明和精神文明全面发展；要统筹城乡发展，搞好城乡联动发展配套措施，改变农村发展缓慢、滞后状态，促进城乡发展一体化，逐步缩小城乡差别、工农差别、脑力劳动与体力劳动差别；要统筹国内发展与对外开放，注意趋利避害，既要把我国发展与经济全球化联系起来，发挥扩大开放对我国发展的促进作用，又要防止对外开放失度，使我国发展过分依赖外国而严重削弱独立自主和自力更生的能力。通过抓好"五个统筹"，推进我国社会生产力和生产关系、经济基础和上层建筑相适应，推进经济、政治、文化建设的各个环节、各个方面相协调，推进农业、轻工业、重工业相协调和第一产业、第二产业、第三产业相协调，实现经济、政治、文化、教育、科技、卫生、国防等协调发展。要统筹人与自然和谐发展，在改造自然的历史进程中不断改善自然环境，防止只向自然索取、不治理和保护环境而遭到自然的严重报复。

（三）科学发展观要求运动地而不是静止地看待发展问题

辩证法认为，一切事物都是运动变化的。但是，发展并不是泛指事物的所有运动状态，而是特指事物向前、向上、推陈出新的运动，是事物由小到大、由低级向高级、由旧质到新质、由落后到先进的运动变化过程。发展有快、有慢，有一时的、也有持续的。任何事物健康、正常的发展，都应当是不间断的、持续的、内在的、有后劲的发展,只有保持内在后发力的发展,才是可持续的发展。

全面、协调、可持续三者是互相联系、相辅相成的。全面协调发展为可持续发展创造条件,可持续发展为全面协调发展奠定基础。谋划发展要有前瞻性,把当前发展与长远发展结合起来,把全面发展建立在可持续发展基础之上,把可持续发展寓于全面发展过程之中。在谋求当前利益的同时,必须着眼于长远利益,防止为了当代人的利益而牺牲子孙后代的利益,防止只顾眼前发展而牺牲长远的持续发展,从而确保一代接一代地永续发展。坚持可持续发展,必须制定实施周密的可持续发展战略,使生态环境得到改善,资源利用率显著提高,促进人与自然的和谐,实现经济发展与人口、资源、环境相协调,形成和建立"循环经济"发展战略,使整个社会走上生产发展、生活富裕、生态良好的发展道路。

(四)科学发展观在看待发展问题上要求坚持两点论与重点论相结合

辩证的发展观实质上是矛盾的发展观。发展就是事物内部矛盾不断产生、发展和解决的过程。社会的发展是辩证的发展、矛盾的发展,旧的社会矛盾解决了,新的社会矛盾产生了，社会就发展了。社会有矛盾不可怕，可怕的是无视矛盾、回避矛盾甚至激化矛盾。社会发展就是不断解决矛盾的过程。这就要求我们对社会发展进程中的各类矛盾进行深入分析研究和解决。在当前，一定要重视社会生活中的各类矛盾，特别是要重视认识和处理新时期的人民内部矛盾。

　　分析和解决发展过程中出现的各种矛盾，要坚持两点论与重点论相结合，既要抓住主要矛盾，也要注意解决次要矛盾。科学发展观应当是讲重点论的发展观，强调抓住重点的、主要的和决定性的东西；同时又应当是讲两点论的发展观，讲重点时，还要讲其他，讲统筹兼顾，照顾到方方面面。科学发展观突出了以经济建设为中心，抓住了我国发展的主要矛盾，抓住了发展链条的关键环节。发展，首要是经济的发展，要努力实现国民经济持续快速协调健康发展。只有在经济充分发展的基础上，才能更加有效地解决各种矛盾，求得社会稳定，并在稳定的前提下谋求经济社会的全面发展。但是，仅有经济发展还是不够的。实践表明，只注重经济的发展，只强调物质文明建设，而忽视政治、文化的发展，放松政治文明和精神文明建设，往往会导致严重的社会后果。

二、科学发展观是贯穿着历史唯物主义的发展观

人类社会是在发展中不断前进的,不断地从低级形态向高级形态发展、演化。历史唯物主义科学地阐明了人类社会运动、变化和发展的客观规律性。恩格斯指出:"正像达尔文发现有机界的发展规律一样,马克思发现了人类历史的发展规律,……直接的物质的生活资料的生产,从而一个民族或一个时代的一定的经济发展阶段,便构成基础,人们的国家设施、法的观点、艺术以至宗教观念,就是从这个基础上发展起来的,因而,也必须由这个基础来解释,而不是像过去那样做得相反。"①也就是说,在组成社会形态的各种要素中,有些是本源的、基础的、第一性的因素,有些则是派生的、上层的、第二性的因素。本源的、基础的、第一性的因素决定着、制约着派生的、上层的、第二性的因素,例如社会存在决定社会意识、生产力决定生产关系、经济基础决定上层建筑等。但是,历史唯物主义在提出决定作用原理的同时,又提出了反作用原理、相互作用原理、合力原理。恩格斯认为,在历史发展过程

---

① 《马克思恩格斯选集》第3卷,人民出版社1995年版,第776页。

中，存在许多单个的意志、无数种力量的相互冲突、交错、融合，最后会产生出一个总的平均数、总的合力、总的结果，从而形成社会系统的总的运动、发展规律。科学发展观从历史唯物主义的基本原理出发，深刻地揭示了当代中国经济社会发展的客观规律。

科学发展观立足人类历史活动的实践过程，对人与自然、人与社会两大认识系统进行了科学归纳。它始终贯穿着人与自然平衡、人与社会和谐这两大主题，深刻揭示了人类活动的理性规则，指明了通过平衡、优化、协调，最终达到人与自然之间的平衡以及人与社会之间的和谐一致的现实途径。科学发展观提出，我国正处于社会主义发展的初级阶段，相对落后的社会生产同人民群众日益增长的物质文化需要是社会的主要矛盾，发展生产力是解决这个矛盾的关键，社会主义初级阶段的根本任务是发展生产力，这是重中之重。同时，科学发展观还要求我们要全面认识和处理好人与自然、人与社会、经济基础与上层建筑、生产力与生产关系等经济社会发展的基本问题。由此出发，进一步强调积极推进改革开放，不断完善社会主义市场经济体制和其他方面的体制，自觉调整和改革生产关系同生产力、上层建筑同经济基础不相适应的方面和环节，为各个方面的发展提供强大动力。

历史唯物主义还认为,社会的发展同自然界不同,社会是人类的社会,离开了人的活动,就没有社会,也没有社会历史的发展。所以说,历史是人创造的。但是人的活动又不是可以为所欲为的,而只能在当时历史条件所许可的范围内进行。马克思指出,人们自己创造自己的历史,但是并不是随心所欲地创造,并不是在他们自己选定的条件下创造,而是在直接碰到的、既定的、从过去承继下来的条件下创造。历史唯物主义既反对无视人民群众创造历史的机械论和宿命论的观点,也反对过分夸大人的主体作用而无视社会发展客观规律的唯意志论,正确地解决了历史上争论多年的历史客体和历史主体的关系问题,为工人阶级和广大人民认识社会、改造社会提供了科学的思想武器。在历史唯物主义看来,人民群众是历史的创造者,是社会物质财富和精神财富的创造者,是推动社会变革和发展的决定性力量。人民,只有人民,才是创造世界历史的动力。这是历史唯物主义的一条基本原理。科学发展观在深入认识自然客体条件及其规律的前提下,充分尊重和发挥人的主体地位、基本需求和创造性的作用,突出强调以人为本,为实现最广大人民的利益谋发展,依靠最广大人民的力量谋发展,充分体现了上述历史唯物主义的基本原理。

一切发展的政策都要以广大人民群众的根本利益作为出发点和归宿点，从人民群众的根本利益出发谋发展、促发展，使广大人民群众能够平等地享受经济社会发展的成果，逐步消除分配不公，消除贫富悬殊和两极分化现象，最终实现共同富裕。坚持以人为本，就是要逐步完善社会主义经济制度，从经济制度上保障人民群众全面发展所需的物质条件，不断改善人民群众的健康条件和劳动条件；坚持以人为本，就是要以实现人的全面发展为目标，不断提高人民群众的思想道德素质和科学文化素质，始终重视发挥人民群众的历史主体作用。在谋取发展的过程中，要以大多数人作为依靠力量，尊重劳动、尊重知识、尊重人才、尊重创造，正确处理人民内部矛盾，调动一切积极因素，化消极因素为积极因素，团结一切可以团结的人，为社会主义现代化建设服务；坚持以人为本，就是要不断加强社会主义民主政治制度建设，为人民平等享有政治、经济和文化权益提供制度保障，使广大人民群众依法行使民主选举、民主决策、民主管理、民主监督的权利，参与经济文化和其他社会事务的管理，使人民群众的主动性、积极性和创造性迸发出来，加快现代化建设的步伐。

三、科学发展观反映了我们党对发展问题的新认识

科学发展观集中了党在新形势下对发展问题的新认识，它既来自于中国特色社会主义建设的实践，又是对社会发展规律的进一步认识；它既是马克思主义发展理论一脉相承的成果，又是用马克思主义立场、观点、方法对当代我国社会发展问题的新回答。

我们党历来重视发展问题。党关于发展问题的一系列理论和观念，是在治国理政过程中，随着实践的发展而不断深化的。早在20世纪50年代，毛泽东就提出社会主义建设要统筹兼顾，并写出了《论十大关系》和《关于正确处理人民内部矛盾的问题》等著作。改革开放以来，以邓小平为代表的党的第二代中央领导集体，强调发展是硬道理，根据社会主义初级阶段的实际，制定了"一个中心，两个基本点"的基本路线和一系列有利于推进中国发展的方针政策。以江泽民为代表的党的第三代领导集体，提出了正确处理改革、发展、稳定等一系列重大关系的政策。新世纪新阶段，面对新形势和新任务，以胡锦涛为代表的党中央，坚持毛泽东、邓小平和江泽民关于发展的

重要思想，在充分肯定新时期特别是十三届四中全会以来我国发展重大成就的基础上，适应全面建设小康社会的需要，从新的实际出发，从党和国家事业发展的全局出发，号召全党同志要牢固树立和认真落实以人为本，全面、协调、可持续的发展观，切实抓好发展这个党执政兴国的第一要务，促进经济社会和人的全面发展。强调以科学发展观统揽经济社会发展全局，树立和落实科学发展观作为党和国家在发展问题上的根本思想，这是迄今为止中国共产党人在发展问题、发展理论上的最新认识成果。

（一）在发展观上作出了新的科学概括和表述

过去，全面、协调、可持续这三个概念在党和国家的有关文件或领导人讲话中时有出现，在经济社会生活中也使用过，但并未将三者联系起来，作为一个完整的统一整体加以表述和运用。现在把坚持以人为本，全面、协调、可持续作为一个完整的发展观提出来，并赋予其普遍的意义，将它提到整个发展的指导思想层面，这就赋予了全面、协调、可持续以新的含义。

全面，是指各方面都要发展。发展不是单纯的经济发展，而是经济、社会和人的综合发展，是经济、政治、文化的全面发展，是物质文明、政治文明、精神文明的全面提升，也就是党的十六大报告讲到的全面建设惠及十几亿人口的更高水平的小康社会，使经济更加发展，民主更加健全，科教更加进步，文化更加繁荣，社会更加和谐，人民生活更加殷实。

协调，是指各个方面的发展相互适应，主要指协调好改革进程中的各种利益关系，包括经济社会发展中社会形态内部的协调、经济结构的协调、社会结构的协调等。统筹推进各项改革，重点是实现宏观经济改革和微观经济改革相协调，经济领域改革和社会领域改革相协调，城市改革和农村改革相协调。

可持续，是指发展进程的持久性、连续性和可再生性。中心思想是发展必须考虑人口、资源和生态的承受力和持久支持力，把人口、资源和环境纳入发展总体规划，作为重要变量统筹规划，保证发展与人口、资源和环境相适应，并形成良性互动。全面、协调和可持续三者作为科学发展观的基本内容，是有内在联系的统一整体。全面主要是从广度上讲发展的内容，协调主要是讲发展的各部分内容的关系，而可持续则主要是讲发展时间的前后继起性和不间断性。

总之，发展是经济、社会和人的全面发展，发展的各部分内容通过动态协调，达到新的平衡，通过可持续保证全面协调在时间上的连续性，并不断走向新的更高的阶段。

（二）明确地把"以人为本"作为科学发展观的本质和核心提出来

科学发展观明确地在全面、协调、可持续发展的前边冠以"坚持以人为本"，表明我们所需要的发展，是体现以人为本的发展，以人为本是科学发展观的灵魂和核心。这是我们党第一次响亮地提出这样的要求。坚持以人为本，就是指以人为价值核心和社会本位，把人的生存和发展作为最高的价值目标，一切为了人，一切服务于人。坚持以人为本，指明了我们所领导和正在从事的事业发展的性质。追求和努力实现人的解放与全面发展，是共产党人的价值和共产主义运动的目的。人民性是我们党的发展理论的首要的和根本的特性，是党的发展理论同世界上其他各种发展理论的根本区别。我们党关于发展（包括经济、政治、社会、文化发展）的全部理论最后都要聚焦于人的全面发展，出发点和落脚点都是广大人民群众。把坚持以人为本和全面、协调、可持续发展联系起来，以更加明确、更加准确、更加通俗的表达形式，强调了发展是亿万人民的发展，是符合人民当前利益和长远利益相统一的发展，这就意味着社会公正、平等民主、共同富裕、尊重人权，从而进一步深化了党的基本理论。坚持以人为本，既是经济社会发展的根本目的，长远指导思想，也是当前实际工作必须遵循的重要原则，要贯穿到经济社会发展的各个方面，贯彻到各项具体工作中去。

（三）提出了以"五个统筹"为主要内容的统筹发展思想

提出以"五个统筹"为主要内容的统筹发展思想，是全面协调可持续发展的具体化。胡锦涛在党的十六届三中全会上的讲话中多处讲到统筹发展思想，比如，"统筹推进各项改革"，"坚持统筹兼顾，协调改革进程中的各种利益关系"等。其中，还特别强调了要坚持"五个统筹"，按照统筹城乡发展、统筹区域发展、统筹经济社会发展、统筹人与自然和谐发展、统筹国内发展和对外开放的要求，更大程度地发挥市场在资源配置中的基础性作用，增强企业活力和竞争力，健全国家宏观调控，完善政府社会管理和公共服务职能，为全面建设小康社会提供强有力的体制保障。

"五个统筹"是对毛泽东、邓小平和江泽民统筹思想的创造性继承和发挥，进一步表明：其一，扩展统筹的范围和覆盖面，即统筹是全面的统筹，全社会的统筹，改革发展稳定要统筹，各种利益关系要统筹，推进各项改革要统筹，把包括人自身在内的整个经济社会的发展作为一个有机系统来对待。其二，我们党已经把统筹和发展联系起来，提升到指导方针和战略的最高层，使之成为落实科学发展观的根本保证。其三，明确把"五个统筹"作为统筹发展的主要内容提出来，把坚持"五个统筹"作为我们推进发展的指针，指明了我们当前和今后相当长一个时期发展中需要解决的重点问题。

　　总之，科学发展观是马克思主义发展观在当代社会的创造性运用和发展，是对毛泽东思想、邓小平理论和"三个代表"重要思想的继承和发展。科学发展观作为统领我国经济社会发展的指导方针，是当代中国共产党人坚持解放思想、实事求是、与时俱进，以科学的态度研究新情况、解决新问题，推进理论创新的重大成果，标志着我们党对社会主义现代化建设规律的认识更加深入、更加全面，也标志着我们党的执政理念有了新的升华。

第五章　与时俱进要求做到三个"解放出来"

党的十六大报告指出："我们要突破前人，后人也必然会突破我们。这是社会前进的必然规律。我们一定要适应实践的发展，以实践来检验一切，自觉地把思想认识从那些不合时宜的观念、做法和体制的束缚中解放出来，从对马克思主义的错误的教条式的理解中解放出来，从主观主义和形而上学的桎梏中解放出来。"这三个"解放出来"，可以说集中概括了我们对待马克思主义的态度。它是经验教训的总结，也是创新发展的指针。

科学与科学态度是统一的，凡科学都合乎逻辑地要求人们用科学的态度对待自己，这一点与任何伪科学都是相反的。如前所述，马克思主义是科学，它的本质是革命的、批判的，它不但对历史上的任何学说都采取彻底的唯物主义态度，而且对它自身也同样采取彻底的唯物主义态度，反对把马克思主义教条化、绝对化，反对因循守旧、故步自封，反对主观主义、形而上学。

第一节　马克思主义经典作家的三个著名论断

为了进一步说明这个问题，我们看看马克思主义经典作家们是以何种态度对待自己的学说的。他们的态度，最具代表性的是以下三个论断：

第一个论断：马克思主义是"基础"。马克思主义经典作家多次强调，马克思主义只是给一种科学奠定了基础，马克思主义者如果不愿落后于实际生活，就应当在各方面把马克思主义理论向前推进。

第二个论断：马克思主义是"指南"。马克思主义不是教条，而是行动的指南。马克思主义理论是发展着的理论，而不是必须背得烂熟并机械地加以重复的教条。马克思和恩格斯指出，我们的历史观首先是进行研究工作的指南，并不是按照黑格尔学派的方式构造体系的诀窍。必须重新研究全部历史，必须详细研究各种社会形态存在的条件，然后设法从这些条件中找出相应的政治、司法、美学、哲学、宗教等的观点。

第三个论断：马克思主义是"出发点"。马克思主义提供了进一步研究的出发点。马克思的整个世界观不是教义，而是方法。它提供的不是现成的教条，而是进一步研究的出发点和供这种研究使用的方法。

以上三个论断表明，马克思主义所提供给人们的，并不是包医百病的万应灵药或经天纬地的百科全书，而是"基础"、"指南"、"出发点"。寥寥数字，言简意赅地表明了一代科学大师彻底的唯物主义精神。

说马克思主义只是给一种科学奠定了基础，这里说的"一种科学"就是指科学社会主义。为什么说只是为它奠定了基础呢？因为马克思主义通过创立剩余价值学说和历史唯物主义，使社会主义从空想变为科学，也就是说，使它立足于现实的基础上而不是构建在"理性"的基础上。至于科学社会主义的未来发展，必须根据实践来解决，马克思主义没有也不可能提供一幅细致的社会主义"设计图"。大量的问题还要靠后人去解决。关于这一点，列宁指出："我们认为，对于俄国社会主义者来说，尤其需要独立地探讨马克思的理论，因为它所提供的只是总的指导原理，而这些原理的应用具体地说，在英国不同于法国，在法国不同于德国，在德国又不同于俄国。"①

"指南"，顾名思义，就是指方向的。马克思主义只是指出了人类社会发展的总趋势，而不是回答未来社会发展中各个阶段的具体规律和具体问题。那种认为人们可以从马克思主义的火车时刻表上准确地查到沿途各个车站的站名和到达时刻的想法，是十分幼稚的想法。早在1843年马克思就指出，我们不想教条式地预料未来，而只是希望在批判旧世界中发现新世界。恩格斯曾批评19世纪的德国社会民主党人，说他们一点不懂得把他们的理论变成推动美国群众的杠杆；甚至大部分连自己也不懂得这种理论，而用学理主义和教条主义的态度去对待它，认为只要把它背得烂熟，就足以应付一切。毛泽东则更辛辣地批评了中国的教条主义者，说他们把马克思列宁主义书本上的某些个别字句看作现成的灵丹圣药，似乎只要得了它，就可以不费气力地包医百病。毛泽东严肃地指出，这是一种幼稚者的蒙昧，我们对这些人应该作启蒙运动。那些把马克思主义当作宗教教条看待的人，就是这种蒙昧无知的人。总之，按照马克思主义经典作家的观点，"指南"的作用就是提供基本立场、观点和方法，人们只能依据马克思主义的基本立场、观点

---

① 《列宁选集》第1卷，人民出版社1995年版，第274页。

和方法去开拓未来，探索未来，创造未来，而不能企求马克思主义预知和回答所有的问题。

"出发点"是"终结点"的对立面。说马克思主义提供的是进一步研究的出发点，也就是说，它不是终极真理，不是科学之科学，不是"超科学"。在马克思主义看来，不可能有认识的终结点，实践是无限的，基于实践的认识也是无限的。由马克思、恩格斯创立的马克思主义，并不是马克思主义的最终完成。列宁在20世纪初期资本主义进入帝国主义的历史条件下发展了马克思主义；毛泽东在半殖民地半封建的东方大国发展了马克思主义；邓小平在改革开放的新的历史条件下又发展了马克思主义；江泽民在推进中国特色社会主义事业中继续发展了马克思主义；胡锦涛在领导中国新世纪的发展中卓有成效地发展了马克思主义。马克思主义还要不断发展，还将继续展现新的内容。恩格斯说过，人类永远不可能达到这样一种地步，即面对着已经穷尽了的真理，除袖手一旁表示惊愕之外，再也没有什么事情可做了。

我们通常讲，马克思主义是一个博大精深的科学体系，这并不错。因为它确实涉及广泛的内容，具有严密的内在逻辑，对自然和社会都作了透彻的揭示。但这绝不是说它的内容就已经穷尽了真理，它把什么都已经说透了。如果这样理解，那就完全错了。马克思、恩格斯、列宁、毛泽东之所以不断提醒人们，不要把马克思主义绝对化，而要把它看作"基础"、"指南"、"出发点"，就是要人们不要把"科学体系"当作包罗万象、穷尽一切的"终极真理"。

第二节　与时俱进地发展马克思主义

马克思主义经典作家们对待马克思主义的科学态度，给我们的基本启示就是：既要坚定不移地坚持马克思主义，又要与时俱进地发展马克思主义。

为什么要坚持马克思主义？很简单，就是因为它正确。它揭示了自然界和人类社会的普遍规律，反映了事物的共性；它吸收和改造了人类思想史上一切优秀成果，熔铸而成为科学的结论；它经过实践的一再检验，其基本原理的真理性是无可争辩的。在新的历史条件下，马列主义、毛泽东思想固然面临发展的问题，要研究新情况，解决新问题，创立新观点，不能停留在原有的结论上。但是马列主义、毛泽东思想的基本原理，它的立场、观点、方法是普遍适用的，必须坚持而不能背离，背离了就要犯错误。邓小平指出，马列主义、毛泽东思想的基本原则，我们任何时候都不能违背，这是毫无疑义的；经过实践检验证明是正确的毛泽东思想，仍然是我们的指导思想，必须结合实际加以坚持和发展，并理直气壮地进行宣传。因为只有这样，才能提高我们运用它的基本原则和基本方法，来积极探索解决新的政治经济社会文化基本问题的本领，既把我们的事业和马克思主义理论本身推向前进，也防止一些同志，特别是一些新上来的中青年同志在日益复杂的斗争中迷失方向。只有熟悉马克思主义的基本理论，掌握它的立场、观点和方法，才能加强我们工作中的原则性、系统性、预见性和创造性。只有这样，我们党才能坚持社会主义道路，建设和发展有中国特色的社会主义，一直达到我们的最后目的，实现共产主义。

那么，坚持马克思主义，究竟坚持哪些内容呢？

坚持马克思主义，就是坚持马克思主义中已被实践证明是正确的那些基本原理和基本立场、观点、方法。主要包括：第一，实事求是，一切从实际出发的唯物主义立场。这是马克思主义的精髓，是马克思主义由以形成和赖以发展的灵魂。第二，为工人阶级和全体劳动人民求解放、谋幸福的鲜明的阶级立场和人民立场。这是马克思主义一以贯之的基本立场，离开了这个立场，就从根本上离开了马克思主义。第三，透彻的辩证发展观。辩证法的基本规律——对立统一规律、质量互变规律、否定之否定规律，既是自然界的发展规律，也是人类社会的发展规律。第四，唯物主义一元历史观。生产力是历史发展的最终决定力量，人类社会的发展史，归根到底是生产力的发展史。第五，人民群众是历史的创造者，必须尊重群众，依靠群众。第六，资本主义必然被社会主义所替代的科学理论。这是马克思主义考察资本主义矛盾运动得出的结论。第七，社会主义必须坚持人民民主专政和共产党的领导。

以上所举，是马克思主义的精要所在。当今世界上对马克思主义的种种非难，并没有能够驳倒这些基本内容，我们必须坚定不移地坚持这些内容。

但是，我们不但要坚持马克思主义，更重要的是要根据客观情况的变化发展马克思主义。

发展马克思主义是实践的呼声。马克思主义是在实践中产生的，也是在实践中发展的。它的生命力就在于不断分析研究实践中出现的新情况、新问题，用新的理论结论来丰富和发展自身，指导发展中的实践。如前所述，自马克思主义诞生的一百多年来，人类实践活动的各个方面都有了极大的发展，向马克思主义提出了一系列新的问题，迫切要求给予新的有说服力的回答。

发展马克思主义也是马克思主义的内在要求。如前所述，马克思主义区别于其他思想体系的一个重要标志，就是不承认所谓"一劳永逸的终极真理"。它认为任何科学思想都是一定历史时期的人们对客观事物的一定程度的认识，它们是客观事物的正确反映，但并不具有终极的性质。人类的实践是无止境的，人类基于实践的认识也是无止境的。

当今时代，马克思主义受到一些人的诋毁和贬损，每一个马克思主义者当然不能无动于衷，必须起而维护这一科学真理。但是，维护马克思主义，绝不能采取清教徒对待福音书的态度，不能拘守住马克思主义的每一句每一字，拒绝实践对它的发展。那样做，就会窒息马克思主义的生机，使它变为僵死的教条，为攻击马克思主义的人们留下口实，名为"维护"，实则葬送。只有发展马克思主义，用新的原理、新的结论来丰富这个科学体系，使它始终屹立于奔腾不息的历史长河的潮头，保持鲜明的现实指导意义，才能有力地回答借口形势变化对马克思主义进行的诋毁和贬损，才是真正捍卫马克思主义。

既要坚持，又要发展，那么坚持和发展是什么关系？概括地说，坚持是发展的前提，离开坚持，发展就无从谈起，就不知道发展什么，怎样发展；而发展是坚持的条件，离开发展，坚持就是一句空话，就不可能有真正的坚持。人们对于"坚持是发展的前提"，一般比较容易理解，道理很简单，不坚持了，抛弃了，还谈什么"发展"？而对于"发展是坚持的条件"，有些同志就觉得不那么好理解。其实，只要承认真理是过程，承认马克思主义的生命在于发展，那么，就得承认坚持离不开发展，发展是坚持的过程。离开发展，老抱住过去的本本，一字一句，更易不得，那究竟是"坚持"什么？算不算真正的坚持？我们说，离开发展的坚持，只能是抱残守缺，刻舟求剑，是教条主义，学理主义。它不是真坚持，而是假坚持。党的十五大报告指出："马克思主义是科学，它始终严格地以客观事实为根据。而实际生活总是在不停地变动中，这种变动的剧烈和深刻，近一百年来达到了前人难以想象的程度。因此，马克思主义必定随着时代、实践和科学的发展而不断发展，不可能一成不变。"

第三节　必须坚持做到三个"解放出来"

"自觉地把思想认识从那些不合时宜的观念、做法和体制中解放出来，从对马克思主义的错误的和教条式的理解中解放出来，从主观主义和形而上学的桎梏中解放出来。"这三个"解放出来"阐明了我们在新的历史条件下必须在思想方法上扫除的三个主要思想障碍，这是在新的历史时期继续推进马克思主义的重要思想保证。

从主体方面来说，马克思主义理论要紧跟时代步伐，重要的在于勇于解放思想，打破各种思想藩篱。社会实践是不断发展的，我们的思想认识也应不断前进。就已有的理论认识而言，往往既包含着适用于现实实践条件，具有积极指导意义的正确的方面，也包含着因历史条件变化而逐渐不再适用的过时的方面。随着时代和条件的改变，必然有的思想观念会落在时代后面，甚至成为阻碍时代进步的习惯势力。掌握这种理论的阶级、政党和人们，如果缺乏辩证思维的头脑，缺乏革命、批判的精神，缺乏改革创新的自觉性，就有可能当时代的发展超越了某种理论的部分观点、原理时，仍然固守它们，不敢越雷池一步，从而使主观认识脱离已经变化了的实际。因此，要使理论始终反映时代发展与社会实践发展的要求，就必须勇于破除头脑中的各种条条框框，冲破过时的、不合理的理论与观念，敢于依据时代发展的要求，发展和创新理论。这样，解放思想就成了防止理论与实际相脱节，使理论继续反映时代要求的必然前提。如果我们不解放思想，不坚持马克思主义的与时俱进，就不能促进我国各项事业向前发展。而要完成这一重大的历史任务，我们就必须做到三个"解放出来"。

第一，必须自觉地把思想认识从那些不合时宜的观念、做法和体制中解放出来。这就要求我们的一切思想和行动都要与时俱进，跟上时代和实践的步伐。任何落后于实践和时代的观念、做法和体制，都必须革除，使之不再成为我们前进的障碍。时代变了，观念必须跟着变；环境和任务不一样了，做法和体制必须与时俱进。世界总是处在不停地矛盾运动和变化之中，我们的事业每年每月都在向前发展，我们的政策措施和思想观念、工作方法，乃至制度体制，必须适应这种变化而不断发展和勇于创新。如果固守传统的观念，照搬过去的做法，留恋原有的体制，必然会走向僵化和保守，造成我们的事业裹足不前的巨大障碍机制。

第二，必须自觉地把思想认识从对马克思主义的错误的和教条式的理解中解放出来。这就要求我们必须完整准确地理解马克思主义，正确处理时代要求与理论创新的关系。马克思主义是一个博大精深的体系，是一个需要前后比较、全面理解的体系，不能执其一端，不计其余。当前，中央实施的马克思主义理论研究和建设工程，一个重要任务就是全面考订经典著作的译文和全面准确阐述马克思主义基本原理，这是我们党的一项基础工程、战略工程，也可以说是生命工程。我们必须把思想认识从对马克思主义的错误的和教条式的理解中解放出来。如果仍然困扰在对马克思主义的错误的和教条式的理解之中，就无法适应新的时代挑战推动改革开放和现代化建设的发展，就无法解决党的建设和其他工作中遇到的新矛盾、新问题。

中国共产党人是通过多次思想解放运动较好地解决了把马克思主义与中国实际有机结合起来的问题，中国革命和建设才不断向前发展的。但是，思想解放运动从来都不是一劳永逸的。在新的历史条件下，我们在这方面仍然面临着艰巨而复杂的任务。在时代的不断发展中解放思想，就是既不能把别人的本本、经验、做法等当作教条，也不能把自己的认识、经验、做法绝对化，一切都在于是否符合客观实际，是否符合我国社会主义初级阶段的国情，是否符合世界发展潮流和时代进步的要求。胡锦涛指出，与时俱进是马克思主义最重要的理论品质。如果不顾历史条件和现实情况的变化，拘泥于马克思主义经典作家在特定历史条件下、针对具体情况作出的某些个别论断和具体行动纲领，我们就会因为思想脱离实际而不能顺利前进，甚至发生失误。这就是我们为什么必须始终反对以教条主义的态度对待马克思主义理论的道理所在。

第三，必须自觉地把思想认识从主观主义和形而上学的桎梏中解放出来。这就要求我们随着时代的发展，在思想方法和思维方式上不断摆脱主观主义和形而上学的桎梏，不脱离实际，不脱离群众，不犯主观主义的毛病；善于按辩证法办事，用全面的、联系的、发展的观点看问题，反对任何片面、停滞、僵化的观点。这是因为时代在不断变化，改革开放在不断发展。改革开放的实践是生动的、丰富的、多姿多彩的，我们不能以头脑中某种模式化的观念来观察改革大潮中的种种现象，不能以求全责备的态度来对待改革的深入发展，而应该尊重人民群众在实践中的首创精神，尊重实践发展的客观规律，始终坚持深入实践、深入群众。只有这样，才能始终走在时代的前面，站在改革开放的最前沿，不断深化我们的认识，科学地把握社会实践的进程。

　　必须用辩证唯物主义和历史唯物主义的世界观、方法论去分析、解决问题，使思想适应发展变化的新形势。就是在马克思主义指导下，冲破落后的传统观念和主观偏见的束缚，自觉地把思想认识从主观主义和形而上学的桎梏中解放出来，改变因循守旧、不接受新事物的精神状态。这就要求我们不能从这样那样的外国模式出发，不能从对马克思主义著作中个别论断的教条式理解和附加到马克思主义名下的某些错误论点出发，不能从主观愿望出发，而是要从社会主义初级阶段的实际出发，以我国改革开放和现代化建设的实际问题，以我们正在做的事情为中心，着眼于马克思主义理论的运用，着眼于对实际问题的理论思考，着眼于新的实践和新的发展。

第六章　坚持与时俱进，不断开创中国特色社会主义事业新局面

新世纪伊始，我们党制定了全面建设小康社会的奋斗目标。新世纪新阶段把中国特色社会主义事业推向前进，就是要全面实现这个目标。实现这个目标，必须以科学发展观为指导，弘扬与时俱进、开拓创新的精神，发展要有新思路，改革要有新突破，开放要有新局面，各项工作要有新举措。

第一节　创造性地坚持当代中国的发展路线

党的十三大在系统阐述社会主义初级阶段理论的同时，完整地提出了党在这个阶段的基本路线。这条路线，是中国特色社会主义理论和实践的总纲，邓小平称之为"中国的发展路线"。我国社会主义初级阶段的最大实际是生产力不发达，必须坚持以经济建设为中心；中国特色社会主义所以具有蓬勃的

生命力，就在于它是实行改革开放的社会主义；我们的改革开放所以能够健康发展，就在于它是坚持四项基本原则的改革开放。三十多年来，我们所以能够经受住困难和风险的考验，保持社会政治稳定和经济快速发展，最根本的就是坚决排除各种干扰，坚定不移地贯彻这条路线。江泽民深刻把握这条路线的极端重要性，反复强调指出：不论发生什么样的事情，基本路线不能变，这就是我们的主心骨，有了这个主心骨，就能任凭风浪起，稳坐钓鱼船，真正做到抓住机遇而不丧失机遇，开拓进取而不因循守旧。不断开创中国特色社会主义新局面，必须创造性地坚持这条当代中国的发展路线。

一、把坚持以经济建设为中心和坚持以人为本统一起来

有人认为，坚持以经济建设为中心的发展和坚持以人为本的发展这两种提法是矛盾的，甚至认为以经济建设为中心的提法是错误的。这个认识是不正确的。以经济建设为中心，是指我们所从事的所有事业和工作都要围绕经济建设，服务和服从于经济建设；以人为本，是指社会发展的本质，我们所从事的各项事业和工作的根本目的是促进人的全面发展。经济建设

与人的发展是手段与目的的关系。江泽民指出，我们建设有中国特色社会主义的各项事业，我们进行的一切工作，都要着眼于促进人民素质的提高，促进人的全面发展。人的全面发展同经济的发展，虽然互为前提和基础，但经济发展的前提性和基础性更强一些。没有经济的发展，不仅人类的生存质量难以提高，而且连能否生存都成为问题。在我国社会生产力还不发达的条件下促进人的全面发展，更需要坚持以经济建设为中心。没有经济的充分发展，人的全面发展只能停留在愿望上。坚持以经济建设为中心，是从中国国情出发促进人的全面发展的必然要求。

二、确立改革的实质在于体制创新和利益调整的观念

我们的改革目前存在四个方面的不平衡：改革滞后于开放，宏观改革滞后于微观改革，政府改革滞后于企业改革，政治体制改革滞后于经济体制改革。改革的不平衡，直接表现为力度的不平衡，间接表现为绩效的不平衡。解决不平衡的问题，要求我们深刻认识改革的实质，加大改革的力度。改革的实质在于体制创新和制度建设。社会主义制度的自我完善和发

展，说到底是一个各方面体制的创新问题。深化改革，应对前一阶段的各方面改革成果进行"制度化的升华"，特别是对尚未根本触动的计划经济体制的核心部分进行"体制性攻坚"，把习惯运用的"政策型调整"改革方略转到"制度创新型"改革方略上来。改革的实质，还在于社会利益关系的调整，使绝大多数利益主体在不同程度上受益。但由于体制性障碍和生产力发展水平的制约，一些深层次的结构性矛盾及与之依存的利益格局并没有完全打破；同时，在经济的非均衡发展及改革的渐进性推进过程中存在着不协调、不和谐。深化改革，必须树立统筹兼顾的观念，强化协调各种利益关系的意识，把统筹兼顾、协调好各种利益关系作为深化改革的重要原则。

三、通过实施"走出去"战略提高对外开放水平

对外开放，意味着既要引进来，又要走出去。三十多年来，引进来、走出去的对外开放成就斐然，我国形成了全方位、多层次、宽领域的对外开放格局。提高对外开放水平，必须创新对外开放观念，实施走出去战略。实现国民经济的可持续发展，促进经济结构的战略性调整，扩大出口和开拓国际市

场,深化国际经济合作,培育我国的跨国公司,积极主动参与经济全球化,都要求我们进一步做好引进来的工作,同时积极实施走出去战略。应按照形式多样、突出重点、注重实施、逐步推进的方针,加快研究制定有关政策措施,精心组织,促进走出去战略的实施。在这方面,各级外经贸主管部门责任重大。应坚持促进有力、保障有效、监管有方的原则,主动加强与有关部门的合作,建立良好的协作机制,形成支持企业走出去的合力;应建立信息服务网络系统,提供境外各种有关信息;应组织国内外企业的投资贸易洽谈活动,帮助企业承揽业务;应加强政策培训和人才队伍建设,培养一支能够开展跨国经营的高水平企业家和管理人员队伍。各级政府要简化和规范审批手续,以法律手段与经济手段为主、以行政手段为辅,促进境外投资合作的发展,维护国家利益和经济安全,保护投资者的利益。

第二节 走好现代化建设的三着战略性棋子

改革、发展和稳定,都是关系我国现代化建设全局的战略性因素。改革是动力。没有改革,生产力的发展就不可能消除体制性障碍，社会主义制度就不可能实现自我完善与发展，我们的事业就不可能顺利前进。发展是目标。没有发展，就不可能实现现代化，就不可能保持党和国家的长治久安。稳定是前提。没有这个前提，改革和发展都无从谈起。稳定为建设和改革提供必不可少的社会政治环境，经济建设和改革的发展又进一步促进稳定。改革、发展、稳定，好比是我国现代化建设棋盘上的三着紧密关联的战略性棋子，每一着棋都下好了，相互促进，就会全局皆活；如果有一着下不好，其他两着也会陷入困境，就可能全局受挫。所以把握好改革、发展、稳定的关系，是现代化建设的一项重要领导艺术；推进改革也好，促进发展也好，维护稳定也好，都需要我们在坚持马克思主义基本原理的基础上，深入总结实践经验，发展新的思想理论观念，找到新的方式方法，掌握新的领导本领。

正确处理改革、发展和稳定的关系，必须坚持科学求实的精神，把改革的力度、发展的速度和社会可以承受的程度结合起来。我国人口多、底子薄，各地、各行各业发展又不平衡，国家的财力、物力还不充裕。我们做任何工作，都必须考虑这个基本国情，做任何事情，都应注意整个经济社会全局的稳定和发展，不能只单纯地算经济账，而不同时算社会账、政治账。保持稳定，归根到底要靠深化改革，加快发展，同时必须把握好改革的节奏，积极稳妥地进行。既要在条件具备的情况下不失时机地推进改革，又要考虑到国家、群众和社会的承受能力。

江泽民指出："我们要善于统观全局，精心谋划，从整体上把握改革、发展、稳定之间的内在关系，做到相互协调，相互促进。要把加快改革和发展的紧迫感同科学求实的精神很好地结合起来，充分考虑经济、社会各方面的有利条件和可能出现的困难，做到在政治和社会稳定中推进改革和发展，在改革和发展的推进中实现政治和社会的长期稳定。"①他还指出："我们正处在实现两个根本性转变的关键时期，需要特别注意把握和处理好改革的力度、发展的速度和社会可以承受的程度之间的关系。从战略上考虑，我们始终要坚持以经济建设为中心，以改革为动力，把发展放在首位，不断满足人民群众日益增长的物质文化需要，始终把维护群众切实利益作为出发点，在深化改革、促进发展的基础上实现稳定。从战术上考虑，我们又必须统筹安排改革和发

---

① 《十四大以来重要文献选编》（中），人民出版社1997年版，第1462页。

展的举措，精心处理稳定同改革、发展的关系，着眼于'为之于未有，治之于未乱'，及时化解各种矛盾，排除不安定因素，切实做好维护稳定的工作。"①

正确处理改革、发展和稳定的关系，必须把人民群众的利益实现好、维护好、发展好作为结合点，认真解决人民内部矛盾。人民群众是改革的主体和动力，也是稳定的力量源泉和深厚基础。从长远看，经济的发展和改革的深化，能够使各种利益关系更趋合理，最终实现全体人民的共同富裕。但是，在改革的一定时期内，人们的受益程度存在某些差别是难以避免的。特别是在深化改革、扩大开放和完善社会主义市场经济体制的过程中，人民内部矛盾的内容和形式，比我们党在上世纪50年代提出这个问题的时候要错综复杂得多，已经呈现出利益矛盾突出、群体事件上升、对抗程度增强、矛盾变数增加的特点。所以说，党的一切方针政策，都要坚持以是否符合最广大人民群众的利益为最高标准，坚持以最广大人民群众满意不满意为根本准则。我们必须看到，人民内部矛盾是在人民根本利益一致基础上的矛盾，处理得

---

① 《江泽民论有中国特色社会主义》（专题摘要），中央文献出版社2002年版，第214页。

好，可以增强人民的团结，促进我们的事业兴旺发达；处理得不好，矛盾有可能激化，甚至酿成乱子，损害社会稳定。还应当看到，敌对势力往往利用我们在处理人民内部矛盾方面的失误，兴风作浪，制造混乱局面。

江泽民指出，在加快经济建设和改革开放的新形势下，正确处理人民内部矛盾，调动一切积极因素，化消极因素为积极因素，是我们国家政治生活的主题，也是维护社会稳定的重要基础。全党应十分重视和认真研究新时期人民内部矛盾的问题，继承和发扬党的优良传统，用民主的方法、说服教育的方法，依据有关政策和法律规定，妥善处理人民内部矛盾，见微知著，把问题解决在萌芽状态，解决在基层，解决在当地，不能让事态扩大，更不要等事情闹大了再来解决。要防止用强迫命令等不正确的办法来处理人民内部矛盾，尤其要坚决防止用处理敌我矛盾的办法来处理人民内部矛盾，防止侵犯广大群众的合法权益。

第三节 不断开拓促进发展的新途径

党的十六大报告指出，发展必须坚持以经济建设为中心，立足中国现实，顺应时代潮流，不断开拓促进先进生产力和先进文化发展的新途径。开拓促进发展的新途径，就是要解放思想，实事求是，与时俱进，开拓创新，体现时代性，把握规律性，富于创造性，不断探索以经济建设为中心的各项事业发展的新思路，更快更好地促进经济发展和社会全面进步。这不仅是党的思想路线的要求，也是新的历史条件的要求。

从一定意义上讲，发展的本质在于创新，发展的过程就是创新的过程，发展的速度取决于创新的力度。缺乏创新的发展，只可能是量的积累，而不可能有质的飞跃，只可能有平铺直叙的缓慢，不可能有台阶式的跨越。在我国经济和社会的各项发展中，要提高发展的质量和效益，要争取跨越式发展，要增强发展的后劲，要在日趋激烈的国际竞争中赢得主动，必须要在发展的途径上不断创新。

一、发展途径上的开拓和创新，首先要推进两个根本性转变

我国经济发展中的突出矛盾和深层次问题是经济结构不合理，主要表现为产业结构不合理，地区发展不协调，国民整体

素质还不高。这些问题如不加紧解决，就难以提高经济与社会发展的质量，难以增强发展的后劲。从国际范围看，各国尤其是发达国家都在进行结构性调整。美国自上世纪80年代以来进行的以信息化为重点的经济结构调整，成为90年代经济持续增长的重要原因。亚洲金融危机迫使有关国家对经济结构进行调整，克服经济的结构性缺陷，已经取得进展。我们必须在已有的基础上再接再厉，抓紧做好推进农业和农村经济结构调整，加快工业改组改造和结构优化升级，大力发展服务业，实施西部大开发战略和振兴东北老工业基地战略，促进地区协调发展等方面的工作，在坚持发展中推进经济结构调整，在经济结构调整中保持快速发展，争取在产业结构、布局结构、所有制结构等方面取得明显进展。

二、发展途径上的开拓创新，必须紧紧依靠科技创新

放眼未来，新的科学发现和技术发明，特别是高科技的不断创新及其产业化，将对人类社会的发展产生更加广泛、更加深刻的影响。我们应以江泽民关于科技工作的一系列重要指示为指导，深刻认识科学技术是第一生产力的基本事实，深刻认

识科技创新对推动我国科技事业发展的重大意义，深刻认识科学技术对推动经济发展和社会进步的巨大作用，充分发挥科学技术对发展我国先进生产力和先进文化、对维护和发展我国最广大人民根本利益的重要作用，把以科技进步为先导促进生产力的质的飞跃摆在经济建设和社会发展的首要地位，作为我们的一个重要的战略指导思想。没有自主创新，就没有我们在世界科技领域中的位置。

三、发展途径上的开拓创新，必须抓紧构筑国家创新体系

社会愈发展，创新活动愈表现为一种群体行为，愈注重合作、和谐、协同一致的价值取向。应加快建设由政府牵头、各创新相关部门和组织相互作用而形成的以推动社会创新活动为目的的国家创新体系，坚定不移地实施创新战略。创新战略的核心内容，是制定创新政策、优化创新资源、建设创新网络、培育创新文化、鼓励创新联盟、激励创新人才、提高创新效率、加强风险管理、实现可持续发展、实现经济和生态协同、实现国家和社会创新协调、畅通知识和信息的传播和流动，推动创新活动广泛而有序地进行。

第四节　进一步创新完善促进发展的经济体制

通过三十多年的改革，我国的经济体制发生了根本性变化。现代企业制度和市场体系的建立取得了突破性进展，多元化所有制结构演化成型，作为市场经济基础和细胞的各种独立利益主体获得长足发展，社会保障制度不断完善，政府宏观管理和调控日益适应市场经济的要求。但是，必须看到，目前我国的社会主义市场经济体制还处在初步建立阶段，改革和发展仍面临许多需要突破的问题。第一，城乡分割的体制影响着农业和农村经济的发展，农民收入增长缓慢，成为影响全局、制约国民经济发展的突出问题。第二，缺乏明确的产权制度，现代企业制度难以达到"产权清晰"的要求，制约着国有企业改革的进展。第三，资本市场的发育滞后，通过银行的间接融资比例较高，股票、债券等直接融资的比例较低，严重制约了市场对资源的优化配置，也使金融风险高度集中于银行。第四，收入关系尚未理顺，社会成员收入差距过大，影响着部分人的积极性。第五，政府职能还不到位，机构改革、人员精简，中央政府搞得较好，地方政府正在进行，总的看，应该交给市场的政府职能尚未移出，行政审批较多，经济干预较大，另一方面，像社会管理、公共服务、经济调节等政府应该履行的职能，还没有到位。第六，科技教育文化卫生体制、社会保障体制的改革，明显滞后于经济领域的改革。真正建立起统一、开放、竞争、有序的市场体系，要求我们深化改革，彻底清除体制性障碍，进一步完善市场经济体制。

完善社会主义市场经济体制，必须按照党的十六届三中全会的思路进行。首先，完善公有制为主体、多种所有制经济共同发展的基本经济制度。进一步增强公有制经济的活力，应当大力发展混合所有制经济，使股份制成为公有制的主要实现形式。消除限制非公有制经济发展的体制性障碍，允许非公有资本进入法律法规未禁入的行业和领域。按照归属清晰、权责明确、保护严格、流通顺畅的要求建立现代产权制度，依法保护各类产权，保障所有市场主体的平等地位和发展权利。

其次，以切实可行的措施加快改变城乡二元结构。调整财政支出结构，加大对农业和农村的支持与保护力度；深化户籍制度改革，加快城镇化进程；取消对农民进城就业的限制性规定，逐步统一劳动力市场；推进乡镇企业的调整，把劳动密集型企业作为乡镇企业的主要方向；完善农村土地制度，依法保障农民的土地承包经营的各种权利；深化社会教育和社会保障制度改革，逐步实现城乡这方面体制的统一。

再次，创新和完善国家宏观调控体系。国家宏观调控必须坚持科学的发展观，不仅要实现经济的增长，还要推动社会的进步，谋求人的全面发展，促进人与自然的和谐。我国地域辽阔、人口众多，市场潜力巨大。实现经济与社会快速又可持续的发展，从根本上说要立足于扩大内需，应把宏观调控的着力点放在扩大国内需求上来。提高人们特别是农民的有效支付能力，最基本的途径是实现充分就业，应把扩大农村需求和增加就业作为宏观调控的重点。随着我国对外开放程度的提高，宏观调控的目标既要努力促进经济增长速度、质量和效益的提高，又要密切关注国际市场需求和供给结构的变化，加强对涉外经济的调控和管理，建立风险防范机制，确保国家安全，提高我国经济的整体竞争力。宏观调控要寓于日常的宏观管理之中，建立经常性的形势分析制度，加强事前调控，尽量把经济运行可能发生的波动消除在萌芽状态。事中和事后调控，要讲究艺术，把握力度，尽量避免猛刹车、急转弯，实现经济社会的稳定发展。

党的十六大报告指出，完善政府的经济调节、市场监管、社会管理和公共服务的职能，减少和规范行政审批。各级政府都应该按照这个要求加快职能转变，不断提高宏观调控的能力和水平。社会主义市场经济的完善，是一个全方位的制度创新过程。通过制度创新，为落实"三个代表"重要思想的发展观，为不断开创中国特色社会主义事业新局面，提供现代化的体制保证。

第五节 彻底破除阻碍发展的各种思想观念

解放思想、实事求是、与时俱进，体现了强烈的时代精神和创新要求，蕴含着深刻的哲理。人类要认识和改造客观世界，不断推动经济与社会的发展，首先必须改造自身，实现认识主体与实践主体的与时俱进。解放思想、实事求是、与时俱进，相互联系、相互作用，其深刻内涵就在这里。只有解放思想，才能实事求是、与时俱进；只有实事求是，才能解放思想、与时俱进；只有与时俱进，才能解放思想、实事求是。实事求是内含着解放思想、与时俱进；解放思想必然要求实事求是、与时俱进；与时俱进，则必然体现为解放思想、实事求是。解放思想、实事求是、与时俱进，是创新的基本要求的统一，**必须破除阻碍创新发展的思想观念**。破除阻碍创新发展的思想观念，既是创新的应有含义，又是创新的前提条件。

开拓创新的过程，就是解放思想、实事求是、与时俱进的过程，就是在探索和把握客观规律的过程中不断突破内在局限和外在局限的过程。在我们的现实生活中，妨碍思想解放、开拓创新的东西还很多、很顽固，还有相当深厚的社会基础和思想基础。这些东西不破除，思想解放、创新发展的脚步就难以迈开。就社会主义市场经济体制的完善来说，要大力发展混合所有制经济，使股份制成为公有制的主要实现形式，需要破除国有资产流动就是流失、搞股份制会动摇执政基础的思想障碍；保护私有财产权，推进非公有制经济，需要转变对非公有制经济"左"的思想束缚，把个体、私营等非公有制经济作为促进社会生产力发展的重要力量；改变城乡二元经济结构，需要改变长期形成的城乡在制度上和管理上"分而治之"的思维定势，合理配置城乡资源，促进地区协调发展；统一城乡劳动力市场，需要转变对"农民工"身份的歧视，降低农民进入城市的门槛，扩大农民自由择业的权利；加快政府职能转变，深化行政审批制度改革，需要破除政府包揽一切的思想观念，树立为市场主体服务的意识，真正创造一个让劳动、知识、技术、管理和资本的活力竞相迸发的体制环境。如此等等，每方面体制的创新都存在一些需要破除的思想观念。

我们必须注意到，某些领导干部虽然嘴上讲解放思想、开拓创新，但是在诸多具体问题上往往不愿、不敢、也不会解放思想。那么，究竟怎样做才是解放思想？针对这个问题，江泽民指出，解放思想，就是要自觉地把思想认识从那些不合时宜的观念、做法和体制中解放出来，从对马克思主义的错误的和教条式的理解中解放出来，从主观主义和形而上学的桎梏中解放出来，使我们的思想和行动更加符合客观实际，更加符合社会主义初级阶段的国情和时代发展的要求。创新，就是要坚持科学的态度，坚决克服主观主义、教条主义，引导人们自觉树立创新意识，培养创新精神，提高创新能力，投身创新实践。开拓创新，就是要根据实践的要求破除旧的思想束缚，不断创造解决问题的新思路、新办法、新经验。凡是在实践中遇到的新情况，提出的新问题、新要求，都要给予合理的回答和满足，为新的实践提供新的理论指导，不断深化对共产党执政规律、社会主义建设规律、人类社会发展规律的认识，不断推进马克思主义的中国化。

第六节　调动和凝聚推动发展的社会力量

我们党是马克思主义政党，党的宗旨、任务和责任，就是团结和带领最广大人民为实现自己的利益而奋斗。是否符合中国最大多数人的利益，能否最广泛最充分地调动全民族全社会的积极性和创造性，历来是我们党制定路线方针政策的根本依据，也是衡量党的一切工作是非得失的最高标准。要正确认识改革开放以来我国社会阶层结构的新变化，妥善处理各阶级各阶层的关系。包括知识分子在内的工人阶级、广大农民是推动我国先进生产力发展和社会全面进步的根本力量，在社会变革中出现的新的社会阶层是中国特色社会主义事业的建设者。要坚定地相信群众，紧紧地依靠群众，妥善处理人民内部的各种利益关系，充分发挥人民群众的历史主动性和创造精神，让一切劳动、知识、技术和资本的活力竞相迸发，让一切创造社会财富的源泉充分涌流。要在全社会认真贯彻尊重劳动、尊重知识、尊重人才、尊重创造的方针和政策，打造尊重创业、鼓励创新的环境，营造鼓励人们干事业、支持人们干成事业的氛围，形成人才脱颖而出、人尽其才的机制，形成全体人民各尽其能、各得其所而又和谐相处的局面。

一、调动和凝聚推动发展的社会力量，必须大力推进学习型社会的建立

当今时代，新知识层出不穷，知识更新周期不断缩短。随着经济全球化的发展，资本、技术、信息及各种物质资源都可以引进，而唯一不能引进的是国民素质。因此，必须增强学习的紧迫感，加强建设者的建设，促进发展者的发展。通过学习，提高全体人民的思想道德素质、科学文化素质、劳动能力和创造才能，提高全党同志特别是领导干部科学判断形势、驾驭市场经济、应对复杂局面、依法执政和总揽全局的能力。达到这样的目的，应抓紧建立有助于实现全民学习、终身学习的学习型社会。

二、调动和凝聚推动发展的社会力量，要特别重视人才问题

创新问题，发展问题，说到底是人才问题。培养不好人才，使用不好人才，留不住人才，吸引不了人才，我们的事业就很难向前发展。我们一方面要进一步发展教育和提高教育质

量，加大人才培养力度，另一方面要建立一套能够拴心留人的环境，培养争相创新的机制。在这个问题上，我们一定要有紧迫感，特别需要各级领导干部拿出政治家的眼光和气魄，积极支持科技及相关体制的改革，扫除一切不利于人才成长的因素，开创一个人才辈出并能充分发挥各种人才的积极性和创造性的新局面。